Vegetarisch schnell und g...

GU-Rezept-Wegweiser 2

Überblick über die Rezepte des Buches mit ihren wichtigsten Eigenschaften.

Salate und Dips 4

Frisches für die Fitness 4
Einkaufen mit allen Sinnen 4
Feine Salatsaucen 5
Rezepte 6–17

Snacks und Suppen 18

Feines fürs Büro 18
Leichtes für den Lunch 18
Selbst gemachte
Gemüsebrühen 19
Rezepte 20–33

Gerichte zum Sattessen 34

Powerfood aus dem
Kochtopf 34
Ohne Fleisch genug Eiweiß? 35
Günstige Eiweiß-Kombinationen 35
Rezepte 36–51

Desserts und Drinks 52

Fruchtige Fatburner 52
Leichte Kompotte und
marinierte Früchte 53
Cremige Saucen 53
Käse zum Dessert 53
Rezepte 54–61

Register 62
Impressum 62
Gasherd-Temperaturen 64
Abkürzungen 64

Rezept	Seite	Kalorien/Portion	Vitaminreich	Gelingt leicht	Raffiniert	Für Gäste	Gut vorzubereiten	Preiswert	Low fat	Fatburner
Kürbissalat mit Kresse	6	60	•	•	•	•	•	•	•	
Sprossensalat	6	90	•	•	•		•	•	•	•
Warmer Kartoffel-Zucchini-Salat	8	290	•	•			•	•		
Kräuter-Tabbouleh	10	430	•	•	•	•	•			
Orientalischer Couscous-Salat	10	265	•			•	•			•
Marinierte Zucchini	12	70	•	•	•	•	•	•	•	
Feldsalat mit Schafkäse	12	100	•	•	•		•	•		
Kräuter-Relish	14	40	•	•	•		•	•	•	
Kastanienmus	14	95		•	•	•	•		•	
Roquefort-Dip	15	140		•	•		•			
Melonen-Chutney	15	55	•	•			•	•	•	•
Tomatenconfit	16	35	•	•	•		•	•	•	•
Tomatenpesto	16	80		•	•		•			
Quiche mit Brokkoli und Walnüssen	20	220			•	•	•			
Muffins mit Safran	22	140		•		•	•	•	•	
Kartoffel-Tarte	22	250		•	•	•	•			
Grünkern-Bratlinge mit Mandeln	24	270		•		•	•			
Kürbis-Kartoffel-Plätzchen	24	135	•	•				•	•	
Bruschetta mit Zucchini	26	200		•	•	•		•		
Mini-Baguettes	26	400		•			•	•		
Erbsensuppe	28	120	•	•			•	•	•	
Kohlsuppe	28	200	•	•	•	•	•			
Zucchinisuppe	29	95		•			•	•	•	
Tomatensuppe	29	90	•	•		•	•	•	•	•
Grüne Spargelsuppe mit Spinat	30	60	•	•		•	•		•	
Asiatische Kürbissuppe	30	65			•	•	•	•	•	•

GU Rezept

Rezept	Seite	Kalorien/Portion	Vitaminreich	Gelingt leicht	Raffiniert	Für Gäste	Gut vorzubereiten	Preiswert	Low fat	Fatburner
Lauchsuppe	32	150	●	●			●	●		
Ukrainischer Borschtsch	32	115	●				●	●	●	●
Kartoffelgulasch	36	165		●			●	●	●	●
Letscho	36	100	●	●			●	●	●	●
Sommergemüse mit schwarzen Oliven	38	120	●	●	●			●	●	
Rosmarinkartoffeln mit frischen Feigen	38	400	●			●	●			
Kreolischer Reis mit Ananas	40	150	●			●	●		●	●
Linsen mit Kartoffelkruste	40	340		●			●	●		●
Kasha mit Champignons	42	335		●			●	●	●	
Risotto mit Radicchio	42	200	●		●	●		●	●	●
Spätzle mit Mangold	44	330	●	●	●			●		
Gratinierte Polenta	46	200			●	●		●		
Auberginenauflauf	46	300		●	●	●		●		
Zucchini-Curry	48	70	●	●	●			●	●	
Auberginen-Curry	48	120		●	●			●	●	
Spargel-Ragout	50	120	●	●	●			●		●
Gemüse-Chili	50	120	●	●	●			●	●	●
Quarkcreme mit karamellisierten Erdbeeren	54	300		●	●	●		●		
Birnen-Gratin mit Beeren	54	320			●	●		●		
Süße Polenta	56	270			●	●	●	●		
Süßer Risotto	56	350	●	●	●	●		●	●	●
Kastaniencreme	57	350	●		●	●				
Gegrillte Früchte	57	165	●	●	●			●		
Pfirsich-Beeren-Suppe	58	125	●	●	●		●	●	●	●
Grünkern-Auflauf mit Blaubeeren	58	380				●	●	●		
Drinks ohne Alkohol	60	–		●	●	●	●		●	●

Wegweiser

Salate und Dips

Frischer würziger Salat hat etwas Belebendes. Eine Kreation aus knackigen Blattsalaten, saftigen Früchten und Gemüsen gibt uns mit all ihren Nährstoffen, Vitaminen und bioaktiven Pflanzenstoffen einen spürbaren Vitalitätsschub.

Frisches für die Fitness

Öfter etwas Frisches zu essen, das empfehlen Experten. 400-500 g Gemüse pro Tag, am besten 40 Prozent davon roh geknabbert, steigern unsere Fitness. Gemüse ist besonders nährstoffdicht, die meisten Vitamine und bioaktiven Stoffe liefert uns frische Rohkost. Probieren Sie mediterrane Essgewohnheiten aus! Sie sind gesünder als unsere. Gönnen Sie sich am besten täglich ein südliches Power-Frühstück mit frischen Tomaten, Paprika und leichten Dips. Servieren Sie mittags oder abends gemischte Frischkostsalate als Vorspeise. Zu Beginn einer Mahlzeit wirken sie besonders stimulierend und stärkend auf unser Immunsystem.

Einkaufen mit allen Sinnen

- Schärfen Sie die Sinne für Qualität. Kaufen Sie Freilandprodukte, am besten zur Erntezeit aus der Region. Dann ist alles preiswert und hat die meisten Inhaltsstoffe.
- Fruchtiges Aroma ist ein Indiz für die richtige Reife. Eine unreife Ananas gewinnt beim Lagern an Süße, ihr Aroma bleibt schwach.
- Der Duft erntereifer Früchte ist intensiv.
- Sonnengereifte Produkte haben meist keine ebenmäßige Farbe. Rote Tomaten sind dort gelb verfleckt, wo Blätter das Licht gefiltert haben.
- Die Frische erkennen Sie an der knackigen prallen Schale und der festen Struktur.
- Vergleichen Sie in einem Geschmackstest Ware aus konventioneller, integrierter und ökologisch kontrollierter Landwirtschaft.
- Viele Vitamine und bioaktive Pflanzenstoffe sind instabil. Wenn Sie den Wert Ihrer fruchtigen Ware erhalten möchten, schützen Sie das gekaufte Obst und Gemüse unbedingt vor Licht, Sauerstoff und Wärme.

Salate und Dips

Coole Tipps für junges Gemüse

- Gemüse und Obst in Frischhaltebeuteln ins Gemüsefach des Kühlschranks geben. So bleibt es länger frisch. Salate, Sojasprossen und Spargel anfeuchten. Möhren und Radieschen bleiben ohne Blätter saftiger.
- Kälteempfindliches wie Kartoffeln, Zwiebeln, Tomaten, Gurke, Paprika, Banane und Zitrusfrüchte dunkel und luftig, aber nicht im Kühlschrank aufbewahren.
- Lassen Sie die Schale dran. Sie ist ballaststoffreich und direkt unter ihr sitzen viele Vitamine, Mineral- und Vitalstoffe wie Flavonoide.
- Keine Angst vor Schadstoffen! Die meisten entfernen Sie bei Obst und Gemüse durch Waschen unter warmem Wasser und Abtrocknen.
- Damit nichts auslaugt: Gemüse und Obst vor dem Zerkleinern waschen und nichts im Wasser liegen lassen.
- Schützen Sie klein geschnittene Rohkost vor Luftsauerstoff. Geben Sie sie sofort in die vorbereitete Salatsauce.

Schnelle, fettarme Salatsaucen

- Halten Sie für die schnelle Salatküche in Ihrem Kühlschrank immer eine hausgemachte Salatsauce griffbereit. Sie können Sie im Schraubglas 3-4 Tage aufheben.
- Wie leicht Ihr Salat ist, bestimmt der Fettgehalt der Sauce. 1 TL Öl enthält so viel Fett wie 2 1/2 kg Tomaten. Messen Sie Öl deshalb mit Teelöffeln und nicht mit Esslöffeln ab.
- Verwenden Sie kaltgepresste Öle mit fruchtigem Aroma. Gut sind neben Oliven-, Raps- und Sonnenblumenöl kräftig schmeckende Öle wie Walnuss-, Sesam- und Kürbiskernöl. Damit nichts ranzig wird, kaufen Sie kleine Mengen.
- Bei mildem Essig braucht die Sauce wenig Öl. Wenig Säure hat natürlicher Gärungsessig. Aceto Balsamico (Balsamessig) - es gibt ihn in dunkler und heller Version - ist um so feiner, je älter er ist.
- Verlängern Sie die Salatmarinaden mit Gemüsebrühe und schmecken Sie Salat nach dem Mischen mit Zitronensaft ab.

Feine Saucen für Genießer

Eine Vinaigrette gibt nicht nur Salaten Geschmack, auch Pfannengerichte lassen sich damit verfeinern.

Kräuter-Vinaigrette
Für 8 Portionen 2 EL Aceto Balsamico mit Salz und Pfeffer, 1/8 l Gemüsebrühe und 2 EL klein geschnittenen Kräutern (Petersilie mit Basilikum, Dill oder Schnittlauch) vermischen. 2 TL kaltgepresstes Öl untermischen. Für alle Salate geeignet.

Gemüse-Vinaigrette
Für 8 Portionen 2 EL Zitronensaft mit 1 EL Aceto Balsamico, Salz und Pfeffer, 1/2 TL Senf, 1/8 l Gemüsebrühe und 2 TL kaltgepresstem Öl vermischen. Je 50 g in Würfel geschnittene Möhren, Knollensellerie, rote Paprikaschote und Lauch untermischen. (Zwiebelwürfel nicht mit aufbewahren, sie können gären). Diese Sauce passt gut zu Gemüsescheiben, etwa Carpaccio.

Jogurtsauce
Für 8 Portionen 8 EL Jogurt mit Salz, Pfeffer, 4 EL klein geschnittenen Kräutern (Petersilie, Schnittlauch, Dill) und je 2 TL Sonnenblumenöl und Zitronensaft verrühren.
Schmeckt zu geraspelter Rohkost, macht Mayonnaisesaucen leichter.

Sparen Sie beim Öl an der Menge, nicht an der Qualität!

Kürbissalat mit Kresse

- Vitaminreich
- Low fat

Für 4 Personen:

1 EL Weißweinessig
1 EL Sojasauce
1 EL Gemüsebrühe
Salz · Pfeffer
2 TL Sonnenblumenöl
400 g Kürbis
2 Frühlingszwiebeln
2 reife Tomaten
1 Kistchen Kresse
1 Bund Schnittlauch

Zubereitungszeit: 20 Min.

Pro Portion ca.: 60 kcal
2 g EW/3 g F/5 g KH

1 Essig, Sojasauce, Gemüsebrühe, Salz und Pfeffer vermischen und mit 1 1/2 TL Öl zu einer Vinaigrette verrühren. Kürbis schälen, in etwa 1 1/2 cm große Rauten schneiden, mit der Vinaigrette vermischen und 5 Min. ziehen lassen.

2 Die Frühlingszwiebeln putzen, waschen und mit dem Grün klein schneiden. Unter den Kürbis mischen und nochmals mit Salz, Pfeffer und dem restlichen Öl abschmecken.

3 Die Tomaten waschen und ohne Stielansatz in kleine Würfel schneiden.

4 Kresse abschneiden, waschen und abtropfen lassen. Schnittlauch waschen und klein schneiden. Kürbis und Tomaten mischen und mit Kresse und Schnittlauch dekorieren.

VARIANTEN

Sie können mit 1 TL frisch geriebenem Ingwer zusätzlich Schärfe zugeben oder mit 150 g geviertelten Zucchinischeiben anreichern.

Sprossensalat

- Gelingt leicht
- Raffiniert

Für 4 Personen:

1 kleine Zwiebel
2 EL Aceto Balsamico
2 TL Sonnenblumenöl
100 g Weißkohl
Salz · Pfeffer
1 Prise Kümmel
30 g Rosinen
100 g Knollensellerie
1 kleiner säuerlicher Apfel
200 g Sprossen
je 8 Radicchio- und Bataviablätter

Zubereitungszeit: 20 Min.

Pro Portion ca.: 90 kcal
3 g EW/3 g F/14 g KH

1 Zwiebel schälen, klein schneiden und mit Essig und Öl mischen. Weißkohl waschen, putzen und in ca. 2 cm große Rauten schneiden. In einer Schüssel mit Salz, Pfeffer und Kümmel würzen. Mit der Vinaigrette mischen.

2 Rosinen waschen, Sellerie und Apfel ebenfalls waschen, falls nötig, schälen. Sellerie fein raspeln. Apfel ohne Kerngehäuse in Würfel schneiden. Alles zum Kohl geben.

3 1/2 l Wasser aufkochen lassen. Sprossen damit waschen, abtropfen lassen und unter den Salat mischen.

4 Salatblätter waschen und trockenschleudern. Sprossensalat mit Salatblättern anrichten.

> **TIPP!**
> Welche Sprossen Sie für den Salat verwenden, hängt von Ihren Vorlieben und Ihren Vorräten ab.

VARIANTE

Der Sprossensalat schmeckt gut mit 30 g gehackten Walnüssen und zusätzlich 2 TL Walnussöl.

Im Bild oben:
Kürbissalat mit Kresse
Im Bild unten:
Sprossensalat

Warmer Kartoffel-Zucchini-Salat

- 🟢 Gelingt leicht
- 🔴 Preiswert

Für 4 Personen:

800 fest kochende Kartoffeln
Salz
2 EL Aceto Balsamico
Pfeffer
1 TL Senf
4 TL Olivenöl
1 Frühlingszwiebel
1/2 Salatgurke
1 großer Zucchino
200 g Kirschtomaten
200 g Möhren
200 g Champignons
1 Zwiebel
5 EL Gemüsebrühe
1/2 Bund Petersilie

Zubereitungszeit: 45 Min.

Pro Portion ca.: 290 kcal
8 g EW/11 g F/38 g KH

1 Die Kartoffeln waschen, bürsten und in Salzwasser zugedeckt bei schwacher Hitze 25–30 Min. garen.

2 Inzwischen den Essig mit Salz, Pfeffer, dem Senf und 2 TL Öl verrühren. Die Frühlingszwiebel putzen, waschen, samt Grün klein schneiden und hineingeben. Die Gurke waschen, würfeln und hinzufügen. Den Zucchino waschen, halbieren, in dünne Scheiben schneiden und untermischen.

3 Die Kirschtomaten waschen. Die Möhren waschen, falls nötig schälen und in dünne Scheiben schneiden. Die Champignons putzen, waschen und vierteln. Die Zwiebel schälen und in Würfel schneiden.

4 Die Kartoffeln abgießen, möglichst ungeschält in dünne Scheiben schneiden und zu den Gurkenwürfeln und Zucchinischeibchen geben. Kartoffelsalat mit Salz und Pfeffer abschmecken.

5 2 TL Öl in einer Pfanne bei mittlerer Hitze heiß werden lassen. Die Zwiebelwürfel darin dünsten. Nach 2 Min. die Möhrenscheiben hinzugeben. Nach weiteren 3 Min. die Pilze und nach weiteren 2 Min. die Tomaten hinzufügen.

6 Das Pfannengemüse salzen und pfeffern. Die Gemüsebrühe hinzugießen und das Gemüse darin 2 Min. köcheln lassen.

7 Das Gemüse mit einem Schaumlöffel aus dem Sud heben. Den Sud über den Kartoffelsalat gießen, einmal wenden. Petersilie waschen und trockenschütteln. Blättchen in feine Streifen schneiden. Gemüse und Kartoffeln mischen, den Salat mit der Petersilie garnieren und auf die Teller geben.

VARIANTEN

Mit Topinambur

Statt Pfannengemüse Topinambur und Austernpilze zugeben: 300 g Topinambur in Salzwasser 5–10 Min. garen, pellen und in Scheiben schneiden. 8 Austernpilze mit Öl bepinselt 2–3 Min. grillen. Beides mit Schnittlauchröllchen unter die Kartoffeln mischen.

Mit Spargel

Statt Pfannengemüse Spargel und Rote Bete zugeben. Dafür 300 g Spargel, 4 cm lang, in Salzwasser 5 Min. garen. Rote Bete roh in dünne Streifen schneiden. Beides unter den Salat mischen.

Mit Basilikum

Den Salat garnieren mit 20 g gerösteten Pinienkernen, 2 EL Basilikumblättern und 2 getrockneten Tomaten, beides in Streifen geschnitten.

Kräuter-Tabbouleh

- Vitaminreich
- Raffiniert

Für 4 Personen:

450 ml Gemüsebrühe
300 g Bulgur
40 g Mandelstifte
6 EL Zitronensaft
Salz
Pfeffer
3 EL Olivenöl
1 Knoblauchzehe
100 g Staudensellerie
1 kleine Fenchelknolle
100 g rote Paprikaschote
100 g Kirschtomaten
100 g Salatgurke
2 Bund gemischte Kräuter

Zubereitungszeit: 40 Min.

Pro Portion ca.: 430 kcal
14 g EW/15 g F/65 g KH

1 Die Brühe aufkochen lassen. Bulgur einrühren, 2–3 Min. unter Rühren kochen, vom Herd ziehen und 30 Min. zugedeckt quellen lassen.

2 Eine Pfanne erhitzen und darin die Mandelstifte goldgelb rösten. Zitronensaft in einer Schüssel mit Salz, Pfeffer und Öl verrühren. Knoblauch schälen, fein hacken und untermischen.

3 Alle Gemüse waschen und putzen. Sellerie in ca. 1 cm lange Stücke schneiden.

4 Fenchel in kleine Würfel schneiden. Paprika würfeln. Tomaten vierteln. Gurke längs halbieren und in Scheiben schneiden. Alles gleich mit der Sauce mischen. Kräuter waschen, trockenschleudern, klein schneiden und unter den Salat geben. Bulgur untermengen und abschmecken, mit Mandeln anrichten.

VARIANTEN

Mit Minze
Mischen Sie 3 Zweige klein geschnittene Minze unter und servieren Sie die Tabbouleh auf einem Salatbett von klein geschnittenem Lollo-Rosso.

Mit Rucola
Geben Sie zusätzlich 1/2 Bund klein geschnittenen Rucola und 1 gewürfelte Zwiebel hinzu.

Orientalischer Couscous-Salat

- Gut vorzubereiten
- Fatburner

Für 4 Personen:

100 ml Gemüsebrühe
Salz
100 g Couscous
40 g Rosinen
4 EL Aceto Balsamico
Pfeffer
2 TL Sonnenblumenöl
1 Bund Koriandergrün
1 TL Kreuzkümmel
100 g Staudensellerie
100 g Zucchini
2 Orangen
15 g Mandelstifte
1 EL Minzeblättchen zum Garnieren

Zubereitungszeit: 25 Min.

Pro Portion ca.: 265 kcal
7 g EW/12 g F/34 g KH

1 Die Brühe salzen und aufkochen lassen. Couscous unterrühren und zugedeckt bei schwacher Hitze 5 Min. garen. Vom Herd ziehen und in 15 Min. ausquellen lassen.

2 Inzwischen die Rosinen in heißem Wasser quellen lassen. Salz im Essig auflösen und mit Pfeffer und Öl vermischen. Koriandergrün waschen, trockenschleudern, klein schneiden und mit Kreuzkümmel unterrühren.

3 Staudensellerie und Zucchini waschen und putzen. Sellerie in kleine Rauten, Zucchini in kleine Würfel schneiden. Beides mit der Sauce mischen. Rosinen abtropfen lassen. Orangen schälen, dabei das Fruchtfleisch anschneiden, halbieren und in Stücke schneiden. Alles zum Salat geben. Couscous körnig auflockern und untermischen. Mit Mandeln und Minze garnieren.

TIPP!

Couscous-Salat und Tabbouleh geben eine erfrischende Vorspeise ab, passen aber auch sehr gut als Beilage zu Gemüsegerichten. Couscous erhalten Sie genau wie Bulgur in Naturkostgeschäften, Reformhäusern oder in türkischen und arabischen Geschäften. Für die Tabbouleh können Sie den Bulgur auch einfach mit heißem Wasser übergießen und ihn 1/2–1 Std. zugedeckt quellen lassen.

Im Bild oben: Orientalischer Couscous-Salat
Im Bild unten: Kräuter-Tabbouleh

Marinierte Zucchini

- Für Gäste
- Low fat

Für 4 Personen:

1/4 l Gemüsebrühe
1 TL Kräuter der Provence
1 Knoblauchzehe
2 TL Olivenöl
2 EL Zitronensaft
1 EL Aceto Balsamico
Salz · Pfeffer
1 TL mittelscharfer Senf
400 g kleine junge Zucchini
16 Kirschtomaten
1 rote Paprikaschote

Zubereitungszeit: 30 Min.
Marinierzeit: 1 Std.

Pro Portion ca.: 70 kcal
2 g EW/4 g F/6 g KH

1 Für die Vinaigrette die Gemüsebrühe mit den Kräutern der Provence erhitzen und 3–5 Min. bei schwacher Hitze kochen lassen, etwas abkühlen lassen. Knoblauch schälen, klein schneiden und mit der Brühe, dem Öl, Zitronensaft, Essig, Salz, Pfeffer und Senf verrühren.

2 Die Zucchini waschen, abtrocknen und putzen. Dann mit dem Gemüsehobel in dünne Scheiben schneiden und mit der Vinaigrette vermischen. Zugedeckt bei Zimmertemperatur 1 Std. ziehen lassen.

3 Die Tomaten und die Paprikaschote waschen und abtrocknen. Die Tomaten vierteln. Die Paprikaschote halbieren, putzen und in dünne Streifen schneiden. Die Zucchini damit dekorieren.

VARIANTEN

Marinierte Auberginen
2 Auberginen in Scheiben schneiden, in etwas Öl in der Pfanne je Seite 1 Min. bräunen. In die Marinade geben.

Marinierter Fenchel
2 kleine Fenchelknollen dünn hobeln und in die Marinade geben.

Marinierte Möhren
300 g Möhren hobeln und in die Marinade geben.

Marinierte Paprika
2 rote Paprika putzen, nach Belieben roh schälen, in etwa 5 cm dicke Stücke schneiden, 3 Min. in der Pfanne in etwas Öl braten und in der Marinade ziehen lassen.

Feldsalat mit Schafkäse

- Vitaminreich
- Gelingt leicht

Für 4 Personen:

60 g Schafkäse
4 TL Aceto Balsamico
1 EL Apfelsaft
Salz
Pfeffer
2 TL Olivenöl
100 g Feldsalat
2 kleine Rote Bete (etwa 300 g)

Zubereitungszeit: 20 Min.

Pro Portion ca.: 100 kcal
4 g EW/8 g F/5 g KH

1 Den Schafkäse würfeln. Den Essig, den Apfelsaft, Salz und Pfeffer mit dem Öl zu einer Salatsauce verrühren.

2 Den Feldsalat putzen – dabei die Büschel erhalten – und gründlich waschen. Die Roten Beten waschen, schälen und in Scheiben, dann in dünne, ca. 3 cm lange Streifen (Julienne) schneiden.

3 Die Julienne und den Salat getrennt mit der Sauce vermischen. Den Feldsalat auf die Teller verteilen. Den Käse in der Pfanne unter Wenden erwärmen, aber nicht schmelzen lassen und auf den Salat geben. Mit den Rote-Bete-Streifen garnieren.

VARIANTE

Paprikasalat mit Schafkäse
2 rote Paprikaschoten gewürfelt über 1/2 Römischen Salat, in Streifen geschnitten, geben und mit Schafkäsewürfeln garnieren.

Im Bild oben:
Feldsalat mit Schafkäse
Im Bild unten:
Marinierte Zucchini

14 Salate und Dips

Kräuter-Relish

- Vitaminreich
- Preiswert

Für 4 Personen:

2 EL Aceto Balsamico
Salz
Pfeffer
2 EL Sonnenblumenöl
1 kleines Stück Salatgurke (etwa 30 g)
1 EL klein geschnittene Petersilie
je 2 TL klein geschnittener Estragon, Kerbel, Schnittlauch und Minze

Zubereitungszeit: 20 Min.

Pro Portion ca.: 40 kcal
0 g EW/4 g F/1 g KH

1 In einer kleinen Schüssel den Essig mit Salz und Pfeffer verrühren, bis sich das Salz aufgelöst hat. Das Öl unterrühren.

2 Das Gurkenstückchen waschen, klein hacken und mit Petersilie, Estragon, Kerbel, Schnittlauch und Minze vermischen. Kräuter-Relish zu rohen Gemüsestiften, zu gegrilltem oder gedämpftem Gemüse servieren.

VARIANTE

Asiatisches Kräuter-Relish
Bereiten Sie die Sauce aus 1 EL Aceto Balsamico, 1 EL Sojasauce, 1 TL Sesamöl, 1 TL Sonnenblumenöl und 1 TL frisch geriebenem Ingwer. Mischen Sie mit der Gurke 1/2 Bund klein geschnittene glattblättrige Petersilie oder Koriandergrün unter.

Kastanienmus

- Gelingt leicht
- Für Gäste

Für 4 Personen:

100 ml Milch
2 Wacholderbeeren
1/2 Gewürznelke
125 g geschälte Maroni (s. Tipp)
1 Prise Salz
2 TL Honig
2 EL Aceto Balsamico
5 g weiche Butter

Zubereitungszeit: 20 Min.

Pro Portion ca.: 95 kcal
2 g EW/3 g F/16 g KH

1 Die Milch mit den Wacholderbeeren und der Nelke zum Kochen bringen. Dann die Milch durchsieben und mit den Maroni mit einem Pürierstab zu einem glatten Mus verrühren.

2 Das Mus mit dem Salz, Honig und Essig abschmecken. Zuletzt die Butter mit dem Pürierstab unterrühren. Das Kastanienmus als Dip zu al dente gegartem Gemüse servieren.

TIPP!

Die Maroni können Sie frisch geschält auf dem Markt oder als Konserve kaufen. Sie sind dann bereits vorgegart. Wenn Sie die Maroni selbst schälen, brauchen Sie 150 g ungeschälte für 125 g geschälte Maroni. Zum Schälen ritzen Sie die Schalen der Maroni an der Spitze kreuzweise ein und kochen sie in einem großen Topf mit Wasser bedeckt 15 Min. Entfernen Sie dann erst die harte Schale und ziehen danach die dünne Haut ab.

Salate und Dips

Roquefort-Dip

- Gelingt leicht
- Für Gäste

Für 4 Personen:

| 1/2 Bund glatte Petersilie |
| 100 g Sahnequark (40 %) |
| 2 EL Jogurt |
| 100 g Roquefort |
| Salz |
| Pfeffer |

Zubereitungszeit: 5 Min.

Pro Portion ca.: 140 kcal
8 g EW/11 g F/2 g KH

1 Petersilie waschen, trockenschleudern und ohne die groben Stiele klein schneiden.

2 Quark, Jogurt, Roquefort, Petersilie, Salz und Pfeffer mit dem Pürierstab cremig rühren. Die Roquefortcreme als Dip reichen.

VARIANTE

Ziegenkäse-Dip
150 g Ziegenfrischkäse mit 50 g Sahnequark, 1 TL Minze, 1 TL Zitronensaft, Salz und Pfeffer vermischen.

TIPP!
Die Roquefortcreme können Sie auf Crostini streichen, sie mit frischen Feigen oder Gemüse kombinieren. Gut passen auch Äpfel, Birnen und Weintrauben.

Melonen-Chutney

- Vitaminreich
- Preiswert

Für 4 Personen:

| 1 unbehandelte Orange |
| 1 EL Aceto Balsamico |
| Salz · Pfeffer |
| 2 EL klein geschnittene Minze |
| 1 gekühlte Honigmelone |

Zubereitungszeit: 15 Min.
Marinierzeit: 20 Min.

Pro Portion ca.: 55 kcal
1 g EW/0 g F/13 g KH

1 Die Orange über einer Schüssel bis ins Fruchtfleisch schälen, abtropfenden Saft dabei auffangen. Orange in kleine Würfel schneiden und in der Schüssel mit dem Essig, Salz, Pfeffer und der Minze vermischen.

2 Die Melone vierteln und die Kerne auskratzen. Melone schälen und in kleine Würfel schneiden. Melonenwürfel zur Orange in die Schüssel geben und untermischen. Das Chutney zugedeckt im Kühlschrank 20 Min. ziehen lassen.

VARIANTE

Mit Pfirsichen
Das Melonen-Chutney wie beschrieben herstellen, statt Minze noch 2 TL Estragon, Pfirsichwürfelchen und 1 EL Walnusskerne dazurühren.

Tomatenconfit

- Preiswert
- Low fat

Für 1/4 l:

250 g Kirschtomaten
1 Zwiebel
1 EL Honig
3 EL milder Weißweinessig
1 EL klein geschnittenes Koriandergrün oder glatte Petersilie
Salz
Pfeffer

Zubereitungszeit: 15 Min.

Bei 4 Portionen
pro Portion ca.: 35 kcal
1 g EW/1 g F/8 g KH

1 Die Tomaten waschen und vierteln. Die Zwiebel schälen und würfeln. Den Honig in einem Topf einkochen lassen, bis er etwas fester wird (karamellisiert).

2 Die Zwiebeln darin gut 1 Min. dünsten und mit dem Essig 2 Min. garen. Die Tomaten, das Koriandergrün oder die Petersilie, Salz und Pfeffer hinzufügen und alles 4–5 Min. bei schwacher Hitze offen einkochen lassen.

VARIANTE

Paprikaconfit
Statt der Tomate 2 rote gewürfelte Paprikaschoten dünsten.

TIPP!

Kalt als Relish zu Grillgemüse oder als Nudelsauce heiß servieren. Hält im Kühlschrank 1 Woche.

Tomatenpesto

- Für Gäste
- Gut vorzubereiten

Für 300 g:

1 EL Pinienkerne
1 Knoblauchzehe
1/2 Bund Basilikum
125 g getrocknete Tomaten in Öl
4 EL Olivenöl
40 g frisch geriebener Pecorino oder Parmesan
Salz
Pfeffer

Zubereitungszeit: 10 Min.

Bei 12 Portionen
pro Portion ca.: 80 kcal
3 g EW/6 g F/7 g KH

1 Die Pinienkerne in einer Pfanne ohne Fett braun rösten und abkühlen lassen. Die Knoblauchzehen schälen. Die Basilikumblätter von den Stielen zupfen. Alles mit den Tomaten in der Küchenmaschine pürieren (die Zutaten bei Verwendung eines Pürierstabes vorher zerkleinern). Das Öl als Strahl dazufließen lassen und verarbeiten, bis – je nach Geschmack – eine grobe oder feine cremige Paste entstanden ist. (Wenn Sie den Pesto einfrieren wollen, bis hierher vorbereiten. Nach dem Auftauen durchpürieren und die restlichen Zutaten dazugeben.)

2 Den Käse unterrühren und Pesto mit Salz und Pfeffer abschmecken.

TIPP!

Tomatenpesto schmeckt als Belag auf Vorspeisen-Crostini, als Beilage zu gegrilltem oder »al dente« gegartem Gemüse, würzt mediterrane Gemüsegerichte oder Tomatensaucen für Nudelgerichte oder Gnocchi. 1–2 TL reichen meist. Hält im Kühlschrank ca. 2 Wochen, tiefgekühlt ca. 2 Monate.

VARIANTEN

Pesto genovese
Den Pesto ohne Tomate, aber mit 3 Knoblauchzehen und 3 Bund Basilikum herstellen. Als Belag für Crostini verwenden oder zum Würzen von Nudelgerichten (in 1/2 Tasse Nudelwasser verrührt), von Kartoffelpüree und Suppentöpfen.

Kräuterpesto
Den Pesto mit 4 EL Pinienkernen, 3 Knoblauchzehen, dem Basilikum, 1/2 Bund glatter Petersilie, 1 EL Minzeblättern und nur 70 g Käse herstellen. Den Kräuterpesto wie Pesto genovese benutzen.

Im Bild oben: Tomatenpesto
Im Bild unten: Tomatenconfit

Snacks und Suppen

Snacks und Suppen sind das Richtige für einen Mittags-Lunch oder ein schnelles Abendessen. Hier einige Vorschläge:

Feines fürs Büro

- Muffins mit Safran (Seite 22), kombiniert mit marinierten Zucchini (Seite 12), Mozzarella, Cocktail-Tomaten und Honigmelone.
- Bruschetta mit Zucchini (Seite 26): Zucchini und Olivenmus fertig zubereitet mitnehmen und im Büro die Ciabattabrötchen toasten. Dazu einen Granatapfeldrink (Seite 60) mitbringen.
- Mini-Baguettes (Seite 26) mit Tomatenpesto (Seite 16). Dazu Salatgurke oder Paprikaschote, ein Stück Käse und eine Birne genießen.

Leichtes für den Lunch

- Kartoffel-Tarte (Seite 22) mit Kräuter-Relish (Seite 14) und Rohkost (je Portion: 3 junge Möhren, 1/4 Gurke, 4 Radieschen, 1/2 Fenchelknolle und 3 dünne Spargelstangen putzen). Als Dessert Quarkcreme mit karamellisierten Erdbeeren (Seite 54).
- Kürbis-Kartoffel-Plätzchen (Seite 24) bei 180° (Umluft 160°), bedeckt mit 1 Scheibe Taleggio oder gebröckeltem Schafkäse, für 4 Min. in den Ofen schieben. Auf mit Zitronensaft, Salz und Pfeffer gewürztem Rucola und gemischten Blattsalaten servieren.
- Melonenschiffchen, dazu grüne Spargelsuppe mit Spinat (Seite 30) und süße Polenta (Seite 56).

Büro-Snack: kleine Zwischenmahlzeit für Genießer

Snacks und Suppen

Selbst gemachte Gemüsebrühen

Gemüsebrühen dürfen in der vegetarischen Küche nicht fehlen. Sie geben Gerichten und Salatsaucen das gewisse Etwas. Und mit tollen Einlagen werden sie zu einem feinen Snack. Am besten schmecken selbst gemachte Brühen, die Sie im Nu kochen können. Denn lange Garzeiten sind dafür nicht notwendig. Ein paar Grundrezepte:

Schnelle Gemüsebrühe

1 Zwiebel, je 100 g Knollensellerie und Lauch sowie 1 Bund Petersilie sehr klein schneiden und mit 1 Lorbeerblatt und Pfeffer in 1 l Salzwasser aufkochen und 15 Min. bei schwacher Hitze garen. Dann durchsieben.

Gemüsebrühe provenzalisch

Mit dem Lorbeerblatt auch 1 kleinen Zweig Thymian sowie 1 Zweig Rosmarin, 1 Prise Muskatnuss und 1 Knoblauchzehe in die schnelle Gemüsebrühe geben. Haben Sie keine frischen Kräuter, nehmen Sie 1 TL Kräuter der Provence.

Chinesische Gemüsebrühe

Garen Sie 250 g frische Pilze mit den Zutaten der schnellen Gemüsebrühe. Verwenden Sie statt Petersilie Koriandergrün und 30 g in Scheiben geschnittenen Ingwer. Würzen Sie mit chinesischer Sojasauce.

Deutsche Wurzelbrühe

Zwiebel, Möhre, Lauch und Knollensellerie zusammen mit 1 Petersilienwurzel, 1 Teltower Rübchen und 1/2 Kohlrabi würfeln und vor dem Aufgießen in 2 TL Öl etwa 5 Min. andünsten. Kochen Sie in der Brühe 1 Zweig Liebstöckel mit. Da er sehr intensiv schmeckt, nach etwa 5 Min. wieder herausnehmen.

Schnelle Einlagen

- 300 g fertige Kartoffel-Gnocchi in 1/2 l Gemüsebrühe garen. Mit Kerbelblättchen servieren.
- 300 g fertige Ravioli in Salzwasser 2-3 Min. garen. 150 g Lauch in feine Streifen und 100 g Möhren in sehr kleine Würfel schneiden. Beides roh mit den Ravioli in Teller geben und mit heißer Brühe übergießen.
- 100 g Duftreis mit 2 gewürfelten Zwiebeln in 2 TL Öl etwa 2 Min. andünsten. Mit 1/2 l chinesischer Brühe 20 Min. kochen lassen. 150 g halbierte Zuckerschoten 5 Min. vor Schluss dazugeben. Mit 1 EL geriebenem Ingwer abschmecken.

Croûtons – Crostini

So heißen in Frankreich und Italien kleine knusprig würzige Brotscheiben. Sie schmecken zur Suppe und zu Salaten.

- Für Croûtons oder Crostini legen Sie dünne Scheiben von Baguette- oder Ciabattabrötchen auf den Toaster und rösten Sie sie von beiden Seiten oder geben Sie sie bei 220° in den Backofen. Dann aber nicht aus den Augen lassen. Die Brotscheiben brennen rasch an.
- Reiben Sie die gerösteten Scheibchen mit 1 Knoblauchzehe ein und beträufeln Sie sie mit etwas Olivenöl oder einem Kräuter-Würzöl.

Für Gemüsebrühen gibt es viele verschiedene Zutaten. Mit einer kleinen Einlage werden sie zur feinen, sättigenden Suppe.

Quiche mit Brokkoli und Walnüssen

- Für Gäste
- Gut vorzubereiten

Für eine Quicheform von 26 cm Ø:

Für den Teig:
130 g Weizenmehl (Type 1050)
Salz
25 g kalte Butter
2 EL kalter Jogurt
1/4 TL Honig
Für den Belag:
Salz
600 g Brokkoli
1 Zwiebel
1 TL Sonnenblumenöl
20 g Walnusskerne
1 Prise Kräuter der Provence
1/2 l Milch (oder Milch und Sahne)
5 Eier · Pfeffer
1/2 TL Muskatnuss
2 EL frisch geriebener Parmesan
Außerdem:
Fett und 1 EL Paniermehl für die Form
Mehl für die Arbeitsfläche

Zubereitungszeit: 45 Min.
Backzeit: 30 Min.

Bei 8 Portionen
pro Portion ca.: 220 kcal
10 g EW/12 g F/17 g KH

1 Mit der Küchenmaschine oder mit den Händen das Mehl, 1 Prise Salz und die Butter in Flöckchen vermischen. Jogurt, Honig und – falls nötig – 1 EL Wasser unterkneten.

2 Die gefettete Quicheform mit dem Paniermehl ausstreuen. Den Teig auf bemehlter Arbeitsfläche ausrollen und den Boden sowie den Rand der Form damit bis auf ca. 2 cm Höhe auslegen. Den Teig 30 Min. kalt stellen.

3 Inzwischen für den Belag 1 l Salzwasser aufkochen. Brokkoli waschen und die Röschen kurz abschneiden. Die Stiele schälen und in 1 cm dicke Scheiben schneiden. Röschen und Scheibchen 3 Min. getrennt kochen, dann abtropfen lassen.

4 Die Zwiebel schälen, würfeln und im Öl bei mittlerer Hitze 1–2 Min. dünsten. Die Walnüsse zerbröckeln und mit den Kräutern der Provence unterrühren. (Teig und Belag können am Vortag vorbereitet werden.)

5 Den Backofen auf 180° vorheizen. Die Milch, eventuell die Sahne, die Eier, Salz, Pfeffer und Muskat mit dem Pürierstab verrühren.

6 Die Brokkolischeiben mit den Walnüssen vermischen und auf dem Boden auslegen. Die Röschen obenauf legen und die Eiermilch darüber gießen.

7 Die Quiche mit dem Käse bestreuen und im Backofen (Mitte, Umluft 160°) in ca. 30 Min. goldgelb backen. Quiche mit Mango-Chutney servieren.

VARIANTEN

Mit Rosenkohl und Walnüssen
Statt Brokkoli in Scheiben geschnittenen Rosenkohl verwenden.

Mit Lauch
Statt Brokkoli 500 g Lauchscheiben verwenden und statt der Walnüsse 3 getrocknete Tomaten.

Muffins mit Safran

● Gelingt leicht
● Gut vorzubereiten

Für 12 Förmchen von 5 cm Ø oder 1 Muffinblech:

150 g Weizenmehl (Type 1050)
150 g feines Maismehl
1/2 TL Salz
2 TL Backpulver
2 Prisen Safran
3 getrocknete Tomaten
1/4 l Buttermilch
2 Eiweiß oder 1 Ei
4 TL Sonnenblumenöl
1 TL Honig
Butter und Paniermehl für die Förmchen oder das Blech

Zubereitungszeit: 15 Min.
Backzeit: 20 Min.

Bei 12 Muffins
pro Stück ca.: 140 kcal
4 g EW/5 g F/20 g KH

1 Den Backofen auf 200° vorheizen. Weizenmehl und Maismehl, Salz, Backpulver und Safran verrühren. Die Tomaten in Streifen schneiden und untermischen.

2 Milch, Eiweiß oder Ei, Öl und Honig mischen und die trockenen Zutaten unterrühren.

3 Blech oder Förmchen ausbuttern und mit Paniermehl ausstreuen. Teig darin verteilen.

4 Muffins im heißen Backofen (Mitte, Umluft 180°) ca. 20 Min. backen. Im Blech oder in den Förmchen 5 Min. abkühlen lassen, dann aufs Kuchengitter setzen.

VARIANTEN

Mit Oliven
Statt Tomaten 12 schwarze Naturoliven, gewürfelt, untermischen.

Mit Käse
Zusätzlich 50 g gebröckelten Schafkäse oder geriebenen Pecorino oder auch 50 g Parmesankäse untermischen.

Kartoffel-Tarte

● Für Gäste
● Preiswert

Für eine Springform von 26 cm Ø:

100 g Lauch
100 g Möhren
100 g Blumenkohl
1 EL Olivenöl
Salz · Pfeffer
2 Prisen Muskatnuss
800 g fest kochende Kartoffeln
50 g Butterflocken
Fett für die Form

Zubereitungszeit: 25 Min.
Backzeit: 50 Min.

Bei 4 Portionen
pro Portion ca.: 250 kcal
4 g EW/14 g F/26 g KH

1 Den Backofen auf 200° vorheizen. Die Gemüse gründlich waschen. Den Lauch putzen und in dünne Streifen schneiden. Die Möhren schälen, den Strunk des Blumenkohls abschneiden. Möhren und Blumenkohl grob raspeln.

2 In einer breiten Pfanne das Olivenöl erhitzen, Lauch, Möhren und Blumenkohl darin 5 Min. bei mittlerer Hitze dünsten. Dann mit Salz, Pfeffer und 1 Prise Muskatnuss würzen. Ausdampfen lassen, damit die Tarte nicht zu nass wird.

3 Kartoffeln waschen, putzen, nach Belieben schälen und in dünne Scheiben schneiden.

4 Die Springform einfetten. Mit der Hälfte der Kartoffelscheiben so belegen, dass die Scheiben einander überlappen. Mit Salz, Pfeffer und Muskatnuss bestreuen. Den Rand mit Kartoffelscheiben auskleiden. Die Gemüsefüllung in die ausgelegte Form geben, glattstreichen und mit den restlichen Kartoffelscheiben abdecken.

5 Die Kartoffel-Tarte mit Muskatnuss, Salz und Pfeffer bestreuen, mit Butterflöckchen belegen und im Backofen (Mitte, Umluft 180°) 50 Min. backen.

VARIANTE

Mit Süßkartoffeln
Die Hälfte der Kartoffeln durch Süßkartoffeln ersetzen. Die Süßkartoffeln genau wie die Kartoffeln behandeln. 30 g frisch geriebenen Ingwer mit in die Gemüsepfanne geben.

Im Bild oben:
Muffins mit Safran
Im Bild unten:
Kartoffel-Tarte

Grünkern-Bratlinge mit Mandeln

● Für Gäste
● Preiswert

Für 4 Personen:

400 ml Gemüsebrühe
150 g Grünkernschrot
1 Zwiebel
1 Bund Petersilie
1 Bund Basilikum
100 g Champignons
40 g gehackte Mandeln
6 TL Olivenöl
Salz · Pfeffer
1 Ei
1 EL frisch geriebener Parmesan

Zubereitungszeit: 45 Min.

Pro Portion ca.: 270 kcal
8 g EW/15 g F/26 g KH

1 Brühe aufkochen lassen, Schrot darin bei schwacher Hitze unter Rühren 5 Min. garen. Vom Herd ziehen und zugedeckt 20 Min. quellen lassen.

2 Inzwischen die Zwiebel schälen. Petersilie und Basilikum waschen, trockenschütteln und die Blättchen klein schneiden. Pilze waschen, putzen und fein würfeln.

3 Eine Pfanne erhitzen und darin die Mandeln goldgelb rösten; aus der Pfanne nehmen und beiseite stellen.

4 In der Pfanne 2 TL Öl erhitzen. Zwiebel darin 2 Min. bei mittlerer Hitze glasig braten. Pilze unterrühren, 3 Min. dünsten und abkühlen lassen. Mit Mandeln, Petersilie, Basilikum, Salz, Pfeffer, Ei und Käse unter den Grünkern-Teig mischen.

5 16 Bratlinge in zwei Portionen backen: Je 2 TL Öl bei mittlerer Hitze heiß werden lassen und darin die Bratlinge 2–3 Min. pro Seite backen.

VARIANTEN

Bulgur-Bratlinge
Statt Grünkern Bulgur und statt der Kräuter 50 g Rucola verwenden.

Gemüse-Bratlinge
Statt der Pilze je 50 g Zucchini, Möhren und Apfel, alles fein gerieben, unter den Teig mischen.

Kürbis-Kartoffel-Plätzchen

● Gelingt leicht
● Raffiniert

Für 4 Personen:

400 g Kartoffeln
200 g Kürbis
1/2 Bund Schnittlauch
2 Prisen Muskatnuss
Salz · Pfeffer
8 TL Olivenöl

Zubereitungszeit: 30 Min.

Pro Portion ca.: 135 kcal
2 g EW/8 g F/14 g KH

1 Kartoffeln und Kürbis schälen und grob raspeln. Schnittlauch waschen, klein schneiden.

2 Kürbis- und Kartoffelraspel mit dem Schnittlauch vermischen, mit Muskat, Salz und Pfeffer würzen.

3 8 Kürbis-Kartoffel-Plätzchen backen. Dafür in 2 Portionen in einer breiten Pfanne je 4 TL Olivenöl bei mittlerer Hitze heiß werden lassen und darin aus dem Raspelgemisch 4 Plätzchen auf jeder Seite 3 Min. backen, dann warm stellen.

4 Mit Salat, zu Grillgemüse, mariniertem Gemüse oder gemischter Rohkost servieren. Auch Dips passen ausgezeichnet dazu.

VARIANTEN

Kartoffel-Möhren-Rösti
Statt Kürbis 200 g Möhren verwenden.

Kräuter-Rösti
600 g Kartoffelraspel mit 1 klein geschnittenen Frühlingszwiebel, 1 Prise Thymian und 2 EL gehackter Petersilie mischen. Wie im Rezept würzen und braten.

Kartoffelpuffer
600 g Kartoffeln fein reiben, mit 1 gehackten Zwiebel, 1 Ei und 4 EL Haferflocken vermischen. Wie im Rezept würzen und braten.

Im Bild oben: Grünkern-Bratlinge mit Mandeln
Im Bild unten: Kürbis-Kartoffel-Plätzchen

Bruschetta mit Zucchini

- Für Gäste
- Preiswert

Für 4 Personen:

75 g schwarze Oliven
1 EL Olivenöl
1 EL Pinienkerne, grob gehackt
1 TL Thymianblättchen
2 TL Rosmarinnadeln
1 Knoblauchzehe
8 Scheiben Zucchini (ca. 1 cm dick)
Salz
Pfeffer
4 Ciabattabrötchen

Zubereitungszeit: 15 Min.

Pro Portion ca.: 200 kcal
5 g EW/6 g F/31 g KH

1 Die Oliven entsteinen, mit 1/2 EL Öl mischen und im Blitzhacker fein hacken oder mit dem Messer fein schneiden (dann im Mörser noch fein zerstoßen).

2 Das Olivenmus in einer Schüssel mit den Pinienkernen, dem Thymian und dem Rosmarin mischen.

3 Den Grill vorheizen. Den Knoblauch schälen und halbieren. Einen Rost mit dem restlichen Öl bestreichen, die Zucchini darauf legen und je Seite ca. 1 Min. grillen, kräftig salzen und pfeffern.

4 Die Ciabattabrötchen halbieren, Hälften unter dem Grill oder auf dem Toaster trocken rösten und mit dem Knoblauch abreiben. Die Zucchini auf das Brot geben und mit dem Olivenmus bestreichen.

VARIANTE

Mit Auberginen
Statt Zucchini- Auberginenscheiben verwenden. Mit 1 gewürfelten Tomate und 200 g gewürfeltem Taleggio garnieren.

Mini-Baguettes

- Gelingt leicht
- Gut vorzubereiten

Für 6 Mini-Baguettes:

200 g Roggenmehl
400 g Weizenmehl (Type 1050)
2 TL Salz
2 TL Kümmel
1 TL Korianderkörner
1 Würfel Hefe (42 g)
350 ml lauwarme Milch
4 EL Sonnenblumenkerne
1 EL Rosmarinnadeln
Fett für das Blech

Zubereitungszeit: 25 Min.
Ruhezeiten: 50 Min.
Backzeit: 25 Min.

Pro Stück ca.: 400 kcal
15 g EW/6 g F/72 g KH

1 Roggen- und Weizenmehl mit dem Salz, dem Kümmel und dem Koriander mischen. Die Hefe in 70 ml lauwarmem Wasser auflösen, die Milch hinzufügen und mit dem Mehl in der Küchenmaschine rasch zu einem Ball verkneten (mit der Hand dauert das ca. 10 Min.).

2 Den Backofen auf 50° einstellen und den Teig unten hineinstellen. Nach 10 Min. den Backofen abschalten und den Teig weitere 20 Min. gehen lassen.

3 Den Teig durchkneten und 6 Stangen daraus formen. Die Stangen auf ein gefettetes Backblech legen, oben zweimal schräg einschneiden und die Sonnenblumenkerne sowie den Rosmarin oben in den Teig drücken.

4 Den Backofen auf 200° vorheizen. Die Mini-Baguettes zugedeckt nochmals 20 Min. bei Raumtemperatur gehen lassen und im Backofen (Mitte, Umluft 180°) ca. 25 Min. backen.

VARIANTEN

Würzige Knoblauch-Baguettes
Den Backofen auf 200° vorheizen. 2 Baguettes halbieren. 1 Knoblauchzehe schälen, pressen und mit 4 TL Pesto (Seite 16) darauf streichen. 5 Min. backen.

Käse-Baguettes
Die Baguettes mit 200 g zerbröckeltem Schafkäse belegen.

Im Bild oben:
Mini-Baguettes
Im Bild unten:
Bruschetta mit Zucchini

Erbsensuppe

- Vitaminreich
- Low fat

Für 4 Personen:

100 g Zwiebeln
100 g Kartoffeln
2 TL Sonnenblumenöl
1/2 l Gemüsebrühe
300 g tiefgekühlte Erbsen
Salz · Pfeffer
1 Prise Muskatnuss
2 EL Schmand
1 EL Minzeblättchen

Zubereitungszeit: 20 Min.

Pro Portion ca.: 120 kcal
5 g EW/5 g F/15 g KH

1 Zwiebeln schälen, klein würfeln. Kartoffeln waschen, schälen und klein würfeln.

2 Zwiebeln und Kartoffeln im Öl bei mittlerer Hitze in 2 Min. dünsten. Brühe unterrühren, zugedeckt 2 Min. bei schwacher Hitze kochen lassen. Erbsen untermischen, alles weitere 5 Min. kochen lassen.

3 Mit Salz, Pfeffer und Muskat würzen. Den Schmand und die Hälfte der Minze unterrühren. Die Suppe pürieren, eventuell vorher ein paar Erbsen zum Garnieren herausnehmen. Pürierte Suppe dann mit ganzen Erbsen und mit der restlichen Minze garnieren.

VARIANTE

Möhrencremesuppe
Statt Erbsen 300 g geraspelte Möhren verwenden.

Kohlsuppe

- Gelingt leicht
- Raffiniert

Für 4 Personen:

50 g Rosinen
100 g Zwiebeln
350 g Weißkohl
2 EL Sonnenblumenöl
1 Prise Thymian
Salz · Pfeffer
1/2 l Gemüsebrühe
100 g Sahne
40 g körniger Senf
1 Prise gemahlener Kümmel
1 Prise Muskatnuss
1 EL Zitronensaft
1 EL klein geschnittene Petersilie

Zubereitungszeit: 20 Min.

Pro Portion ca.: 200 kcal
3 g EW/15 g F/14 g KH

1 Rosinen einweichen, Zwiebeln schälen, in Ringe schneiden. Kohl waschen, ohne Strunk streifig schneiden.

2 Zwiebeln im Öl 2 Min. dünsten. Kohl, Thymian, Salz und Pfeffer 2 Min. mitdünsten. Alles mit Brühe aufgießen und 5 Min. garen.

3 Sahne steif schlagen, mit Senf, Salz und Pfeffer würzen.

4 Suppe mit Kümmel, Muskat und Zitronensaft würzen. Sahne unterheben oder in die Mitte geben. Suppe mit Petersilie und Rosinen bestreuen.

Snacks und Suppen

Zucchinisuppe

- Vitaminreich
- Preiswert

Für 4 Personen:

100 g Zwiebeln
1 Knoblauchzehe
400 g Zucchini
4 TL Sonnenblumenöl
1/2 l Gemüsebrühe
1 Prise Thymian
1 Prise Muskatnuss
Salz
Pfeffer
2 EL Crème fraîche
1 EL klein geschnittenes Basilikum
2 EL rote Paprikawürfelchen

Zubereitungszeit: 20 Min.

Pro Portion ca.: 95 kcal
2 g EW/8 g F/4 g KH

1 Zwiebeln und Knoblauch schälen, würfeln. Zucchini waschen und grob raspeln.

2 Zwiebeln im Öl 2 Min. bei mittlerer Hitze dünsten. Knoblauch und Zucchini 3 Min. mitdünsten.

3 Brühe aufgießen, mit Thymian, Muskat, Salz und Pfeffer würzen. 4 Min. bei schwacher Hitze kochen. Crème fraîche unterrühren, Suppe pürieren.

4 Mit Basilikum und Paprikawürfelchen garnieren.

> **TIPP!**
> Garnieren Sie statt mit Basilikum und Paprika mit 40 g gerösteten Cashew- oder Haselnüssen sowie 2 TL eingelegtem rosa Pfeffer.

Tomatensuppe

- Gelingt leicht
- Low fat

Für 4 Personen:

100 g Zwiebeln
400 g Tomaten
80 g Kartoffeln
2 EL Sonnenblumenöl
1/2 l Gemüsebrühe
2 TL klein geschnittener Zitronenthymian
1 EL Limettensaft
1 Prise Muskatnuss
Salz · Pfeffer

Zubereitungszeit: 15 Min.

Pro Portion ca.: 90 kcal
2 g EW/6 g F/7 g KH

1 Zwiebeln schälen. Tomaten und Kartoffeln waschen. Von den Tomaten die Stielansätze entfernen. Kartoffeln schälen. Tomaten und Kartoffeln würfeln.

2 Zwiebeln im Öl 1 Min. dünsten. Kartoffeln und Tomaten dazugeben, 2 Min. mitdünsten.

3 Brühe aufgießen und alles 6 Min. bei schwacher Hitze garen. Mit Thymian, Limettensaft, Muskat, Salz und Pfeffer abschmecken.

> **TIPP!**
> Statt der frischen Tomaten können Sie auch 1 kleine Dose Tomaten oder 400 g pürierte Tomaten verwenden. Sie können 150 g grob geraspelte Möhren in der Brühe mitgaren.

Grüne Spargelsuppe mit Spinat und Parmesan

- Gelingt leicht
- Gut vorzubereiten

Für 4 Personen:

200 g grüner Spargel
50 g Blattspinat
1 EL Olivenöl
1/2 l Gemüsebrühe
1 EL Crème fraîche
Salz · Pfeffer
4 TL frisch geriebener Parmesan

Zubereitungszeit: 15 Min.

Pro Portion ca.: 60 kcal
3 g EW/4 g F/1 g KH

1 Spargel und Spinat waschen. Spargelenden entfernen. Spargelspitzen abschneiden, Spargelstangen in 1/2 cm dicke Scheibchen, Spinat in Streifen schneiden.

2 Das Öl in einem Topf erhitzen und Spargelscheibchen, -spitzen und Spinat darin 2 Min. dünsten. Dann mit der Brühe aufgießen und alles 5 Min. garen. Spargelspitzen herausfischen. Die Crème fraîche in die Suppe rühren, salzen und pfeffern. Die Suppe mit dem Pürierstab pürieren. Spargelspitzen längs vierteln. Suppe mit Spargel und Parmesan garnieren.

VARIANTEN

Mit Mangold
Dünsten Sie 100 g weißen Spargel und 100 g Mangold, alles klein geschnitten, 2 Min. Lassen Sie die Brühe aufkochen und schlagen Sie sie mit 1–2 EL Crème fraîche auf. Rühren Sie dann das gedünstete Gemüse unter.

Mit Tomate
1 Tomate ohne Stielansatz würfeln. In einer trockenen Pfanne 2 EL Mandelblättchen rösten, herausnehmen. Tomatenwürfel in etwas Öl in der Pfanne dünsten. Mandeln und Tomaten mit 1 EL Schnittlauchröllchen oder Zitronenthymian unter die Spargelsuppe mischen.

Asiatische Kürbissuppe

- Raffiniert
- Fatburner

Für 4 Personen:

300 g Kürbis
100 g Lauch
1 Möhre
2 TL Sonnenblumenöl
1/2 l Gemüsebrühe
Salz
1 TL Sojasauce
3 TL frisch geriebener Ingwer

Zubereitungszeit: 30 Min.

Pro Portion ca.: 65 kcal
1 g EW/3 g F/7 g KH

1 Den Kürbis waschen, schälen und die Kerne entfernen. Den Lauch waschen und quer in feine Streifen schneiden. Die Möhre waschen, schälen und würfeln.

2 Öl in einer Pfanne bei mittlerer Hitze erhitzen. Das Gemüse darin etwa 2 Min. dünsten. Mit Brühe aufgießen, aufkochen lassen, salzen und mit Sojasauce und Ingwer abschmecken.

VARIANTE

Deutsche Kürbissuppe
1 Zwiebel und 100 g Kartoffeln, beides fein gewürfelt, mit dem Kürbis andünsten. Dann mit Brühe aufgießen, aufkochen, 5–10 Min. garen, pürieren und mit Salz und Pfeffer abschmecken.

Im Bild oben:
Asiatische Kürbissuppe
Im Bild unten: Grüne Spargelsuppe mit Spinat und Parmesan

Lauchsuppe

- Vitaminreich
- Gelingt leicht

Für 4 Personen:

1 Zwiebel
300 g Lauch
1 Apfel (etwa 150 g)
100 g Kartoffeln
1 TL Olivenöl
1 EL Currypulver
500 ml Gemüsebrühe
1 TL frisch geriebener Ingwer
Salz · Pfeffer
100 g Sahne

Zubereitungszeit: 30 Min.

Pro Portion ca.: 150 kcal
2 g EW/10 g F/10 g KH

1 Zwiebel schälen und klein schneiden. Gemüse und Obst waschen. Lauch putzen und in Ringe schneiden. Apfel und Kartoffeln schälen, putzen und würfeln.

2 In einem Topf das Öl bei mittlerer Hitze heiß werden lassen und darin Zwiebel und Apfel mit Curry vermischen. 3 Min. unter Rühren dünsten. Kartoffeln 5 Min. mitdünsten. Mit Brühe aufkochen lassen, mit Ingwer, Salz und Pfeffer würzen und zugedeckt bei schwacher Hitze 15 Min. garen. Dann Lauch dazugeben und weitere 10 Min. mitgaren.

3 Die Suppe pürieren, Sahne einrühren, alles einmal aufkochen lassen und vom Herd ziehen.

VARIANTEN

Kräutersuppe
Den Apfel weglassen. Nur 100 g Lauch verwenden und 150 g Kräuter (tiefgekühlt) verwenden. Mit 600 ml Brühe aufgießen. Mit Zitronensaft würzen.

Zwiebelsuppe
Lauch und Apfel weglassen, aber 300 g Zwiebeln und 500 ml Brühe verwenden. Mit Muskatnuss würzen und 2 EL roten Paprikawürfeln garnieren.

Ukrainischer Borschtsch mit Bohnen

- Gut vorzubereiten
- Preiswert

Für 6 Personen:

1 Zwiebel
1 Knoblauchzehe
2 Rote Beten
100 g Knollensellerie
1 Petersilienwurzel
200 g Möhren
500 g Weißkohl
1 EL Sonnenblumenöl
3 EL Tomatenmark
2 l Gemüsebrühe
1 Lorbeerblatt
Salz · Pfeffer
1 TL Majoran
100 g gekochte rote Bohnen (aus der Dose)
1 EL Aceto Balsamico
1 EL klein geschnittene Petersilie
4 EL saure Sahne

Zubereitungszeit: 45 Min.

Pro Portion ca.: 190 kcal
5 g EW/9 g F/19 g KH

1 Zwiebel und Knoblauchzehe schälen und klein würfeln. Die Roten Beten, den Sellerie, die Petersilienwurzel und die Möhren waschen, putzen, falls nötig schälen und in dünne Streifen (Julienne) schneiden. Den Weißkohl waschen, abtropfen lassen und den Strunk herausschneiden. Den Weißkohl ebenfalls in Julienne-Streifen schneiden.

2 Das Öl in einem großen Topf erhitzen. Zwiebel und Knoblauch darin bei mittlerer Hitze 1 Min. andünsten. Dann Rote Beten, Sellerie, Möhren und Petersilienwurzel unterrühren. Weißkohl untermischen. Das Gemüse mit dem Tomatenmark verrühren und unter häufigem Rühren 10 Min. dünsten.

3 Mit der Gemüsebrühe aufgießen und alles aufkochen lassen. Das Lorbeerblatt hinzufügen, salzen, pfeffern und mit Majoran abschmecken. Die Suppe zugedeckt bei schwacher Hitze 15 Min. garen. Die Bohnen in den letzten 5 Min. mitgaren und die Suppe zum Schluss mit dem Essig und der Petersilie würzen. Mit saurer Sahne garnieren.

Im Bild oben:
Lauchsuppe
Im Bild unten:
Ukrainischer Borschtsch

Gerichte zum Satt-essen

Wenn uns ein frischer Salat als Vorspeise auch zusagt, so haben wir beim Hauptgericht doch eher Lust auf etwas Warmes.

Powerfood aus dem Kochtopf

60 Prozent der Lebensmittel, die wir essen, sollten erhitzt sein. Denn beim Garen brechen die Zellwände auf. Die Bioverfügbarkeit hitzestabiler Inhaltsstoffe wird größer. 200 ml Tomatensauce stellen uns beispielsweise so viel Lykopin zur Verfügung wie 500 g rohe Tomaten. Lykopin ist ein Carotinoid, das unser Immunsystem und unser Herz-Kreislauf-System stärkt. Für die Bioverfügbarkeit ist auch wichtig, dass die Sauce etwas Fett enthält, da Lykopin fettlöslich ist.

Starke Vielfalt

- Wecken Sie Ihre Lust auf Abwechslung. Je größer die Vielfalt der im Laufe einer Woche gegessenen Gemüse- und Obstarten, desto besser für Ihr Immunsystem. Pro Tag 400- 500 g Gemüse und 250-300 g Obst sollten es sein.
- Gemüse ist unser nährstoffreichstes Lebensmittel. Es bietet größeren Schutz vor Zellschädigung. Daher mehr Gemüse als Obst essen.
- Gemüse, Obst, Milch und Milchprodukte, Eier, Öl, Kartoffeln, Reis und Nudeln versorgen uns mit mehr Vitaminen, Mineralstoffen und bioaktiven Substanzen als die herkömmliche Küche.
- Vollkornbrot schmeckt gut und ist eine ernährungsphysiologisch wichtige Beilage zur Mahlzeit.

Mit Gemüse auf der sicheren Seite

- Gemüse ist heute nicht zu nährstoffarm für uns; dies ergaben neue wissenschaftliche Studien.
- Bei deutschen Produkten ist die Schadstoffbelastung dank strenger Bestimmungen rückläufig. Wählen Sie auch aus diesem Grund Ware aus der Region.
- Waschen Sie vor der Zubereitung Gemüse heiß ab, reiben Sie es anschließend gut trocken. So können Sie einen Großteil der Schadstoffe von der Schale entfernen.

Ohne Fleisch genug Eiweiß?

Zusätzliche fertige Eiweiß-Drinks sind nicht nötig. Nahrungsergänzungsmittel können hier wie auch bei Mineralstoffen und Vitaminen zu einer nicht unbedenklichen Überversorgung führen. Mit einer ausgewogenen Ernährung können Sie sich optimal versorgen.

Sie essen nur gelegentlich vegetarisch: Dann brauchen Sie sich wegen Ihrer Eiweißversorgung keine besonderen Gedanken zu machen. Wir essen in Deutschland im Durchschnitt doppelt so viel Fleisch wie wir brauchen. Vegetarische Mahlzeiten bedeuten eine Entlastung für Ihren Körper.

Sie essen überwiegend vegetarisch: Gelegentlich gibt es bei Ihnen aber auch Fisch oder Geflügel oder Lamm. Vergleichen Sie Ihr Konsumverhalten mit den Empfehlungen der Experten: Je Woche 1 Portion Fisch von 150 g und 2 Portionen Fleisch von je 150 g reichen völlig. Alles, was darüber liegt, belastet nur Ihre Fitness.

Sie essen ausschließlich vegetarisch: Aber Milch, Jogurt, Käse und Ei gehören mit auf Ihren Speiseplan. Dann müssen Sie sich keine Sorgen machen, denn so versorgen Sie sich problemlos mit genug Eiweiß und allen anderen wichtigen Nährstoffen.

Sie essen vegan: Sie verzichten ganz auf tierische Produkte. Um keine Mangelerscheinungen zu bekommen, müssen Sie Ihre Speisen ausgeklügelt zusammenstellen und kombinieren. Tipps dazu finden Sie rechts!

Günstige Eiweiß-Kombinationen

Die Pluspunkte der fleischlosen Ernährung: Vegetarier sind meist schlanker als andere, sie haben so gut wie keine Probleme mit dem Blutdruck, und die Kost ist cholesterinarm.
Das Problem: Das pflanzliche Eiweiß ist nicht so hochwertig wie tierisches Eiweiß. Aber ich kann es aufwerten: Kombiniere ich Bohnen und Mais im Verhältnis 2 zu 1, ist es, als hätte ich ein Ei mitgegessen. Bei Getreide gibt es gute Ergänzungswerte beim vollen Korn.

Kombinieren Sie bei den Mahlzeiten:
- Hefe und Getreide (Brote)
- Nüsse und Getreide (Nussbrot, Salat)
- Ei und Getreide (Nudeln, Kuchenteige)
- Ei, Getreide und Milch (Bratlinge, Polenta)
- Ei und Kartoffeln (Puffer, Aufläufe)
- Ei und Hülsenfrüchte (Eintopf mit Eiernudeln)
- Milch und Getreide (Klößchen, Aufläufe)
- Milch und Kartoffeln (Püree)
- Getreide und Hülsenfrüchte (Eintöpfe, Salate)
- Mais und Sojabohnen (Gemüsepfanne)

Vital-Food: Kombiniert man diese Produkte geschickt, steigert man die Eiweißqualität einer ganzen Mahlzeit.

Kartoffelgulasch

● Preiswert
● Low fat

Für 4 Personen:

1 Zwiebel
600 g kleine fest kochende Kartoffeln
1 kleine Knolle Sellerie
4 Möhren
4 reife Tomaten
1 Knoblauchzehe
1 EL Olivenöl
1 Lorbeerblatt
1/2 TL Muskatnuss
Salz
Pfeffer
2 Frühlingszwiebeln

Zubereitungszeit: 35 Min.

Pro Portion ca.: 165 kcal
5 g EW/3 g F/28 g KH

1 Die Zwiebel schälen und würfeln. Alle Gemüse waschen. Kartoffeln ungeschält längs vierteln. Sellerie schälen und in 4 cm lange Stifte schneiden. Möhren schaben und in 2–3 cm dicke Stücke schneiden. Tomaten klein würfeln. Knoblauch schälen.

2 Das Öl in einem Topf bei mittlerer Hitze erhitzen und die Zwiebel, die Kartoffeln und den Knoblauch mit dem Lorbeerblatt darin 4 Min. dünsten. Den Sellerie und die Möhren 2 Min. mitdünsten. Die Tomaten, Muskat, Salz und Pfeffer einrühren. Alles aufkochen und bei schwacher Hitze zugedeckt 10 Min. garen.

3 Inzwischen die Frühlingszwiebeln putzen, waschen und in ca. 1 cm große Stücke schneiden. In der letzten Garminute dazugeben.

TIPP!
Sie können statt Sellerie auch 1 kleine Steckrübe verwenden. Statt der Tomaten können Sie 2 EL Tomatenmark mit den Gewürzen zugeben und mit 1/8 l Gemüsebrühe aufgießen.

Letscho

● Gelingt leicht
● Fatburner

Für 4 Personen:

1 Zwiebel
1 Knoblauchzehe
400 g Kirschtomaten
500 g grüne und gelbe Paprikaschoten
2 EL Olivenöl
2 TL Paprikapulver, edelsüß
Salz · Pfeffer

Zubereitungszeit: 20 Min.

Pro Portion ca.: 100 kcal
2 g EW/6 g F/9 g KH

1 Die Zwiebel und die Knoblauchzehe schälen und klein würfeln. Das Gemüse waschen und abtrocknen. Die Tomaten halbieren, die Paprikaschoten putzen und in ca. 2 cm breite Stücke schneiden.

2 Die Zwiebel im heißen Öl bei mittlerer Hitze 2 Min. dünsten. Dann den Knoblauch und das Paprikapulver unter Rühren mit andünsten. (Vorsicht, nicht anbrennen lassen!) Paprikaschoten unterrühren und 5 Min. dünsten. Tomaten dazugeben und alles offen bei mittlerer Hitze 1 Min. kochen lassen. Mit Salz und Pfeffer abschmecken. Mit Reis servieren.

VARIANTEN

Mit Kartoffeln
600 g Kartoffelscheiben in 1/8 l Gemüsebrühe mit 1 TL Olivenöl 10 Min. garen. Zum Schluss die Flüssigkeit verdampfen lassen und die Kartoffeln dabei schütteln. Mit 1 TL Paprikapulver, edelsüß, Salz und Pfeffer würzen. Mit den Tomaten unter das Letscho-Gericht mischen.

Mit Chinakohl
1/4 Chinakohl, in 2 cm breite Streifen geschnitten, mit den Paprikastücken mitdünsten.

Mit Staudensellerie
200 g in 1 cm breite Stücke geschnittenen Staudensellerie mit den Paprikastücken mitdünsten.

Im Bild oben:
Kartoffelgulasch
Im Bild unten:
Letscho

Sommergemüse mit schwarzen Oliven

- 🟢 Gelingt leicht
- 🔴 Preiswert

Für 4 Personen:

400 g junge Möhren
200 g kleine dünne Zucchini
200 g rote Paprikaschoten
500 g Flaschentomaten
8 kleine Schalotten
1 Knoblauchzehe
20 schwarze Oliven
3 TL Olivenöl
Salz · Pfeffer
1 Kräutersträußchen (aus je 1 Zweig Rosmarin und Thymian, 1 Lorbeerblatt und 1 Stück unbehandelter Zitronenschale)

Zubereitungszeit: 30 Min.
Backzeit: 15 Min.

Pro Portion ca.: 120 kcal
3 g EW/7 g F/11 g KH

1 Gemüse waschen. Möhren schälen, in 3 cm, Zucchini in 2 cm dicke Scheiben schneiden. Paprika halbieren, putzen und in 2 cm breite Rauten schneiden. Tomaten ohne Stielansätze sechsteln. Schalotten und Knoblauch schälen. Oliven entsteinen.

2 Den Backofen auf 180° vorheizen. Zucchini, Schalotten, Möhren, Paprika und Knoblauch in dem Öl bei mittlerer Hitze 1 Min. andünsten. Salzen und pfeffern. Das Kräutersträußchen hinzufügen. Das Gemüse zugedeckt bei schwacher Hitze 8 Min. garen.

3 Gemüse mit den Tomaten und den Oliven in eine Auflaufform geben, salzen, pfeffern und im Backofen (Mitte, Umluft 160°) 15 Min. backen. Mit Kartoffeln servieren.

TIPP!
Verwenden Sie für dieses Gericht schwarze Naturoliven, sie sind rötlich-violett bis dunkelblau und haben anders als die geschwärzten ein volles Aroma.

Rosmarinkartoffeln mit frischen Feigen

- 🔵 Raffiniert
- 🟡 Fatburner

Für 4 Personen:

800 g kleine vorwiegend fest kochende Kartoffeln
3 Frühlingszwiebeln
8 frische Feigen
800 g Zuckerschoten
Salz
2 EL Olivenöl
2 TL Sonnenblumenöl
1 TL klein geschnittener Rosmarin
100 ml Gemüsebrühe
Pfeffer
1 Prise Muskatnuss
2 EL Schmand

Zubereitungszeit: 30 Min.

Pro Portion ca.: 400 kcal
34 g EW/18 g F/55 g KH

1 Die Kartoffeln, Frühlingszwiebeln, Feigen und Zuckerschoten waschen. Die Kartoffeln schälen und würfeln. Die Frühlingszwiebeln putzen, längs halbieren und in 3 cm lange Stücke schneiden. Die Feigen achteln. Die Zuckerschoten putzen.

2 Die Kartoffeln mit Wasser bedecken, leicht salzen und in 15–20 Min. bissfest garen, dann abgießen, längs halbieren, die Hälften jeweils längs dritteln.

3 Das Olivenöl und das Sonnenblumenöl getrennt voneinander in zwei breiten Pfannen erhitzen. Die Kartoffeln mit Rosmarin im Olivenöl bei mittlerer Hitze nussbraun braten. Zugleich im Sonnenblumenöl bei mittlerer Hitze die Frühlingszwiebeln 1 Min. andünsten, dann Zuckerschoten und Feigen je 1 Min. mitdünsten.

4 Feigengemüse mit Brühe aufkochen, mit Salz, Pfeffer und Muskat würzen. Schmand einrühren, Gemüse nicht kochen lassen. Die Kartoffeln salzen und pfeffern und mit dem Gemüse servieren.

VARIANTEN

Mit Aprikosen
Statt Feigen 500 g Aprikosenviertel verwenden.

Mit Äpfeln
Statt Feigen 2 Äpfel, in Achtel geschnitten, verwenden.

Im Bild oben und Bild Mitte: Rosmarinkartoffeln mit frischen Feigen
Im Bild unten: Sommergemüse mit schwarzen Oliven

Linsen mit Kartoffelkruste

- 🟢 Gelingt leicht
- 🔵 Gut vorzubereiten

Für 4 Personen:

120 g Linsen (Berglinsen)
800 g mehlig kochende Kartoffeln
100 g Zwiebeln
250 g Möhren
250 g Champignons
1 Bund Petersilie
2 EL Sonnenblumenöl
150 ml Gemüsebrühe
Salz · Pfeffer
80 g Schmand
1 Prise Muskatnuss
Majoran
Fett für die Form

Zubereitungszeit: 45 Min.
Quellzeit: 1 Std.
Backzeit: 20 Min.

Pro Portion ca.: 340 kcal
13 g EW/12 g F/43 g KH

1 Die Linsen mit 400 ml Wasser aufkochen, 2 Min. bei schwacher Hitze kochen lassen, vom Herd ziehen und 1 Std. quellen lassen.

2 Nach der Hälfte der Quellzeit die Kartoffeln warm waschen und mit Wasser bedeckt in 20 Min. weich kochen. Die Linsen nach dem Quellen erneut aufkochen lassen und zugedeckt bei mittlerer Hitze 10 Min. garen.

3 Den Backofen auf 175° vorheizen. Die Kartoffeln pellen und durch eine Kartoffelpresse drücken. Die Zwiebeln schälen und würfeln. Die Möhren waschen, putzen und klein würfeln. Die Champignons putzen und mit Küchenpapier abwischen. Die Pilze in Würfel schneiden. Die Petersilie waschen und klein schneiden.

4 Das Öl in einem Topf erhitzen und die Zwiebeln mit dem Gemüse und den Pilzen darin bei mittlerer Hitze 2 Min. dünsten. Linsen unterrühren und mit der Gemüsebrühe aufgießen. Petersilie untermischen, mit Salz und Pfeffer würzen und alles 2 Min. dünsten.

5 Die Kartoffeln mit Schmand vermischen und mit Muskatnuss, Majoran, Salz und Pfeffer abschmecken. Eine Auflaufform einfetten.

6 Den Boden der Form mit Salz und Pfeffer bestreuen. Die Gemüsemischung darauf verteilen und obenauf das Kartoffelpüree verstreichen. Den Auflauf im Backofen (Mitte, Umluft 160°) in 20 Min. goldbraun backen.

Kreolischer Reis mit Ananas

- 🔵 Raffiniert
- 🟡 Fatburner

Für 4 Personen:

3 Zwiebeln
4 TL Sonnenblumenöl
300 g Rundkornreis (Risottoreis)
1 TL Paprikapulver, edelsüß
1 1/2 TL Cayennepfeffer
3/4 l Gemüsebrühe
350 g Staudensellerie
4 reife Fleischtomaten
je 1 grüne, gelbe und rote Paprikaschote
1 Bund glatte Petersilie
400 g Ananas
Salz
Pfeffer

Zubereitungszeit: 45 Min. (bei poliertem Reis)

Pro Portion ca.: 150 kcal
4 g EW/7 g F/16 g KH

1 Die Zwiebeln schälen und klein schneiden. Das Öl erhitzen und darin den Rundkornreis bei mittlerer Hitze 2 Min. unter Rühren rösten. Zwiebeln, das Paprikapulver und den Cayennepfeffer unterrühren und 3 Min. mitrösten. Mit der Brühe aufkochen lassen und alles bei schwacher bis mittlerer Hitze ca. 20 Min. (bei poliertem oder parboiled Reis) oder 45–50 Min. (bei Naturreis) garen.

2 Inzwischen Gemüse und Petersilie waschen und putzen. 200 g Staudensellerie in 2 cm lange Stücke, den Rest in dünne Streifen schneiden, diese beiseite stellen. Tomaten ohne Stielansätze in kleine Würfel schneiden. Ananas schälen und ohne Strunk in 1 cm große Würfel schneiden. Paprika in 1 cm große Rauten schneiden. Petersilienblättchen klein schneiden.

3 Paprika, Selleriestücke und Tomaten unter den Reis mischen. Alles aufkochen lassen und nochmals etwa 5 Min. garen. Mit Salz und Pfeffer würzen. Ananas untermischen, mit Petersilie und Selleriestreifen garnieren.

TIPP!

Für eine Kreolische Sauce 300 g Tomatenwürfel, 1 EL Limettensaft, je 1 TL Thymian, Oregano und Salbei, 2 EL Olivenöl, 4 EL Aceto Balsamico, 1 durchgepresste Knoblauchzehe und 1/2 gehackte Chilischote verrühren und mit Salz und Pfeffer abschmecken.

Im Bild oben: Linsen mit Kartoffelkruste
Im Bild unten: Kreolischer Reis mit Ananas

Kasha mit Champignons

- Gelingt leicht
- Preiswert

Für 4 Personen:

250 g Buchweizen
Salz
8 Zwiebeln
4 Frühlingszwiebeln
600 g Champignons
2 Bund Petersilie
2 TL Sonnenblumenöl
1 TL Kräuter der Provence
Pfeffer
80 ml Gemüsebrühe
100 g saure Sahne

Zubereitungszeit: 30 Min.

Pro Portion ca.: 335 kcal
13 g EW/8 g F/54 g KH

1 Buchweizen in einer trockenen, breiten Deckelpfanne unter Rühren in 5 Min. braun rösten. Zugleich in einem Topf 3/4 l Salzwasser aufkochen, über den Buchweizen gießen und zugedeckt bei schwacher Hitze 5 Min. garen. Vom Herd ziehen, 10 Min. quellen lassen.

2 Zwiebeln schälen und würfeln. Frühlingszwiebeln putzen, waschen, weißes Ende und Grün getrennt klein schneiden. Champignons putzen, mit Küchenpapier abwischen und in 1/2 cm dicke Scheiben schneiden. Petersilie waschen und klein schneiden.

3 Die Zwiebeln und das Weiße der Frühlingszwiebeln im Öl 2–4 Min. dünsten. Die Pilze bei mittlerer Hitze mitdünsten, bis alle Flüssigkeit verdampft ist. Die Pilze mit Petersilie, Kräutern der Provence und Frühlingszwiebelgrün bestreuen, mit Salz und Pfeffer abschmecken. Die Brühe aufgießen, aufkochen, mit der sauren Sahne vermischen. Den Buchweizen (Kasha) mit den Pilzen servieren.

TIPP!

Statt Champignons Austernpilze oder Shiitakepilze verwenden.

Risotto mit Radicchio

- Raffiniert
- Fatburner

Für 4 Personen:

300 g Rundkorn-Naturreis
2 Zwiebeln
300 g Spitzkohl oder Weißkohl
200 g Tomaten
80 g Radicchio
1 Bund Basilikum
4 TL Olivenöl
3/4 l Gemüsebrühe
Salz · Pfeffer
4 EL frisch geriebener Parmesan

Zubereitungszeit: 1 Std.

Pro Portion ca.: 200 kcal
5 g EW/8 g F/24 g KH

1 Reis waschen und in 1/2 l Wasser 20 Min. einweichen. Abtropfen lassen.

2 Inzwischen Zwiebeln schälen und in grobe Würfel schneiden. Gemüse und Basilikum waschen. Kohl ohne Strunk in feine Streifen schneiden. Tomaten ohne Stielansätze würfeln. Radicchio vierteln und ohne Strunk in feine Streifen schneiden. Basilikumblätter in Streifen schneiden.

3 In einem Topf bei schwacher Hitze das Öl erhitzen. Darin unter Rühren Zwiebeln und Reis 5 Min. andünsten.

4 Reis und Zwiebeln mit Brühe aufkochen lassen und zugedeckt bei schwacher Hitze 20–30 Min. garen. Kohl, Radicchio und Tomaten zum Schluss 5 Min. mitgaren. Salzen und pfeffern. Vor dem Servieren Basilikum untermischen. Auf Teller verteilen und mit Parmesan bestreuen.

TIPP!

50 g Bohnen (z. B. Cannellini-Bohnen) in 1/2 l Wasser 2 Min. kochen, vom Herd ziehen und 1 Std. quellen lassen. Dann 20–30 Min. garen. Bohnen in den letzten 5 Min. zum Risotto geben.

Im Bild oben:
Kasha mit Champignons
Im Bild unten:
Risotto mit Radicchio

Spätzle mit Mangold

- Gelingt leicht
- Gut vorzubereiten

Für 4 Personen:

Für die Spätzle:
250 g Weizenmehl (Type 1050)
2 Eier
Salz · Pfeffer
1 Prise Muskatnuss
Für das Mangoldgemüse:
2 Zwiebeln
600 g Mangold
400 g Möhren
1 EL Olivenöl
Salz · Pfeffer
1 Prise Muskatnuss
1 EL klein geschnittene Petersilie und Dill, gemischt
100 ml Gemüsebrühe
2 EL Crème fraîche

Zubereitungszeit: 1 Std.

Pro Portion ca.: 330 kcal
14 g EW/9 g F/47 g KH

1 Für die Spätzle Mehl mit Eiern, Salz, Pfeffer und Muskat verrühren. Nach und nach 125 ml Wasser unterrühren, bis ein zäher, glatter Teig entsteht. Den Teig zugedeckt 30 Min. ruhen lassen.

2 Inzwischen das Mangoldgemüse zubereiten. Die Zwiebeln schälen und würfeln. Den Mangold und die Möhren waschen. Die Mangoldstiele in 2 cm breite Stücke, die Blätter in Streifen schneiden. Die Möhren schälen, in 2 cm lange, dünne Stifte schneiden.

3 Das Öl in einem Topf bei mittlerer Hitze heiß werden lassen. Die Zwiebeln und die Möhren darin 1 Min. andünsten. Dann die Mangoldstiele dazugeben, 3 Min. mitdünsten. Mit Salz, Pfeffer, Muskatnuss, Petersilie und Dill würzen und anschließend die Mangoldblätter unterrühren.

4 Mit der Brühe aufgießen, alles aufkochen lassen und 2 Min. bei schwacher Hitze garen. Die Crème fraîche unterrühren.

5 In einem hohen Topf reichlich Salzwasser aufkochen. Den Spätzleteig auf ein angefeuchtetes Holzbrett streichen und über dem kochenden Wasser mit einem Messer kleine Streifen vom Brett ins Wasser schaben.

6 Wenn eine Portion Spätzle aufsteigt, noch 2–3 Min. ziehen lassen. Mit einem Schaumlöffel aus dem Wasser heben und warm stellen, bis alle Spätzle fertig sind.

7 Die Spätzle auflockern, auf die Teller verteilen und dann mit dem Mangoldgemüse garnieren.

VARIANTEN

Spätzle mit Zucchini
600 g gegarte Spätzle in 1 EL Sesamöl braun braten. Für das Gemüse statt Mangold 300 g Zucchini, in feine Streifen geschnitten, und 300 g Shiitakepilze (ohne Stiele) mit den Möhren dünsten. Mit 50 ml Brühe aufkochen lassen und mit 6 EL Sojasauce, 2 EL frisch geriebenem Ingwer, Salz und Pfeffer würzen.

Gratinierte Spätzle
Die Zwiebeln andünsten und in der Pfanne mischen mit 200 g geachtelten Flaschentomaten, 150 g gewürfeltem Schafkäse und 1 TL Kräutern der Provence, Salz und Pfeffer. In einer feuerfesten gebutterten Form 10 Min. bei 180° (Umluft 160°) backen.

TIPP!

Wollen Sie mit Spätzlesieb oder -hobel arbeiten, muss der Teig etwas flüssiger sein, deshalb 1–2 Eier mehr dazugeben. Spätzle können Sie in größeren Mengen herstellen und portionsweise gut verpackt 2–3 Tage im Kühlschrank aufbewahren.

Gratinierte Polenta

● Gut vorzubereiten
● Preiswert

Für 4 Personen:

Salz
100 g grober Maisgrieß
Pfeffer
1 EL klein geschnittene Petersilie
1 EL klein geschnittenes Basilikum
80 g Greyerzer in Scheiben
15 g frisch geriebener Parmesan
1 EL Aceto Balsamico
50 ml Milch
Fett für die Form

Zubereitungszeit: 30 Min.

Pro Portion ca.: 200 kcal
10 g EW/9 g F/19 g KH

1 In einem Topf 1/2 l Salzwasser aufkochen. Den Maisgrieß mit einem Schneebesen langsam einrühren und bei schwacher Hitze unter häufigem Rühren 8–10 Min. quellen lassen. Zum Schluss Pfeffer, Petersilie und Basilikum unterrühren. Die Polenta auf eine Platte geben, glattstreichen und erkalten lassen (dies kann am Vortag geschehen).

2 Den Backofen auf 200° vorheizen. Die Polenta in 1 cm dicke Scheiben schneiden und in eine breite gefettete Auflaufform legen. Jede Scheibe mit 1 Scheibe Greyerzer belegen und mit etwas Parmesan bestreuen. Mit dem Essig und der Milch umgießen und im Backofen (Mitte, Umluft 180°) 20 Min. backen, bis die Flüssigkeit verdampft ist.

VARIANTE

Mit Tomaten
Als Belag 4 Tomaten, in Scheiben geschnitten, verwenden und mit 1/2 Bund Basilikum, in Streifen geschnitten, und Käse bestreuen.

> **TIPP!**
> Statt Greyerzer passen auch gut Emmentaler oder Leerdamer. Probieren Sie zur gratinierten Polenta ein südländisches Gemüsegericht.

Auberginenauflauf

● Gelingt leicht
● Für Gäste

Für 4 Personen:

3 Auberginen
1 kg Flaschentomaten
1 rote Zwiebel
1 Knoblauchzehe
300 g Mozzarella
4 TL Olivenöl
5 EL klein geschnittene gemischte Kräuter
Salz
Pfeffer

Zubereitungszeit: 20 Min.
Backzeit: 20 Min.

Pro Portion ca.: 300 kcal
20 g EW/19 g F/11 g KH

1 Die Auberginen und die Tomaten waschen und abreiben. Die Auberginen in längliche, die Tomaten in runde Scheiben schneiden. Die Zwiebel und den Knoblauch schälen und mit dem Mozzarella in kleine Würfelchen schneiden.

2 Den Backofen auf 180° vorheizen. Eine Grillpfanne erhitzen, mit 2 TL Öl einfetten und die Auberginen darin je Seite 1 Min. grillen. Eine Auflaufform mit dem restlichen Öl fetten und mit einer Lage Auberginen auslegen. Darauf jeweils eine Hälfte Zwiebel, Knoblauch, Tomaten, Käse und Kräuter geben; salzen und pfeffern. Mit einer Lage Auberginen, Zwiebel, Knoblauch und Tomaten fortfahren. Mit Käse enden.

3 Auflauf im Ofen (Mitte, Umluft 160°) in etwa 20 Min. goldbraun backen. Mit restlichen Kräutern bestreuen.

VARIANTEN

Mit Zucchini
2 Zucchini, in Streifen geschnitten, mit den Auberginen verwenden.

Mit Reis
200 g gekochten Reis in die Mitte geben.

Mit Kartoffeln
200 g Pellkartoffeln, in Scheiben geschnitten, in die Mitte füllen und statt Mozzarella 200 g Schafkäse verwenden.

Im Bild oben:
Gratinierte Polenta
Im Bild unten:
Auberginenauflauf

Zucchini-Curry

- Preiswert
- Low fat

Für 4 Personen:

1 Zwiebel
1 Knoblauchzehe
je 1 rote und gelbe Paprikaschote
1 Stange Staudensellerie
800 g Zucchini
1 EL Sonnenblumenöl
2 TL Currypulver
1/8 l Gemüsebrühe
Pfeffer
Salz
abgeriebene Schale von knapp 1/4 unbehandelten Zitrone

Zubereitungszeit: 20 Min.

Pro Portion ca.: 70 kcal
3 g EW/4 g F/6 g KH

1 Die Zwiebel schälen und in Streifen schneiden. Den Knoblauch schälen und klein schneiden. Die Paprikaschoten waschen, trockenreiben und vierteln. Die Schoten von den Trennwänden und Kernen befreien und in 2 cm große Rauten schneiden.

2 Die Selleriestange und die Zucchini waschen und trockenreiben. Die Zucchini längs vierteln und in 2 cm dicke Stücke schneiden. Sellerie ebenfalls in 2 cm dicke Stücke schneiden.

3 In einem Topf das Öl heiß werden lassen und die Zwiebel, den Knoblauch und die Paprikaschoten darin bei mittlerer Hitze unter Rühren 2 Min. dünsten. Mit dem Curry bestäuben. Den Sellerie, die Zucchini und die Gemüsebrühe hinzufügen. Mit Pfeffer, Salz und der Zitronenschale würzen. Aufkochen lassen und 5 Min. zugedeckt köcheln lassen. Mit Reis oder Kartoffeln servieren.

VARIANTE

Mit Schmandsauce
8 EL Schmand mit 2 EL gemischten Kräutern (tiefgekühlt) mischen und zum Schluss über das Curry geben.

Auberginen-Curry

- Gelingt leicht
- Gut vorzubereiten

Für 4 Personen:

2 Zwiebeln
1 Knoblauchzehe
2 Frühlingszwiebeln
150 g Tomaten
800 g Auberginen
4 TL Sonnenblumenöl
2 EL Tomatenmark
100 ml Gemüsebrühe
2 EL Honig
3 EL Aceto Balsamico
1 Prise Cayennepfeffer
Salz
Pfeffer

Zubereitungszeit: 20 Min.

Pro Portion ca.: 120 kcal
3 g EW/6 g F/12 g KH

1 Zwiebeln schälen und in kleine Würfel schneiden. Knoblauch schälen und klein schneiden. Frühlingszwiebeln, Tomaten und Auberginen waschen und abtrocknen. Frühlingszwiebeln putzen und mit dem Grün klein schneiden. Tomaten ohne Stielansätze in kleine Würfel schneiden. Auberginen putzen und in 2 cm dicke Würfel schneiden.

2 In einem Topf das Öl erhitzen und Zwiebeln, Knoblauch, Frühlingszwiebeln und Auberginen darin bei mittlerer Hitze 2 Min. dünsten.

3 Das Tomatenmark unterrühren. Die Tomatenwürfel untermischen und mit der Gemüsebrühe aufgießen. Alles aufkochen lassen und mit Honig, Essig, Cayennepfeffer, Salz und Pfeffer abschmecken und nach Belieben mit Reis servieren.

VARIANTEN

Mit Mohn
30 g gemahlenen Mohn vor dem Tomatenmark unterrühren. Zum Mahlen des Mohns Omas Kaffeemühle benutzen.

Mit Tofu
100 g Tofu in 8 Scheiben schneiden und trockentupfen. Mit Salz, Pfeffer und Cayennepfeffer würzen und in einer geölten Grillpfanne bei schwacher Hitze auf jeder Seite 2 Min. grillen. Dann das Curry damit garnieren.

Im Bild oben:
Auberginen-Curry
Im Bild unten:
Zucchini-Curry

Spargel-Ragout

- Vitaminreich
- Für Gäste

Für 4 Personen:

| 2 Zwiebeln |
| 1 Knoblauchzehe |
| 1 kg Spargel |
| 600 g Mangold |
| 2 Frühlingszwiebeln |
| 1 EL Sonnenblumenöl |
| 2 TL Currypulver |
| 1/4 l Gemüsebrühe |
| 2 EL Schmand |
| Salz · Pfeffer |

Zubereitungszeit: 30 Min.

Pro Portion ca.: 120 kcal
7 g EW/7 g F/9 g KH

1 Die Zwiebeln und den Knoblauch schälen und würfeln. Alle Gemüsesorten waschen und putzen. Den Spargel schälen, holzige Enden abschneiden. Stangen in 4 cm lange Stücke schneiden. Die Mangoldblätter in Streifen, die Mangoldstiele und die Frühlingszwiebeln klein schneiden.

2 Das Öl erhitzen. Zwiebeln, Knoblauch und Spargel darin andünsten. Den Curry und die Mangoldstiele unterrühren. Mit der Brühe aufgießen und alles 4 Min. bei schwacher Hitze offen kochen lassen.

3 Die Frühlingszwiebeln und die Mangoldblätter unterrühren und weitere 3 Min. mitkochen lassen, Schmand unterrühren und alles mit Salz und Pfeffer würzen.

VARIANTE

Schwarzwurzelragout
Statt Spargel 700 g Schwarzwurzeln schälen, von den Enden befreien und in 2 l Essigwasser legen. Schwarzwurzeln ebenfalls in 4 cm große Stücke schneiden. Statt Mangold Blattspinat und nach Belieben noch 400 g Möhrenstifte mitgaren.

Gemüse-Chili

- Gut vorzubereiten
- Preiswert

Für 4 Personen:

| 200 g gemischte Bohnen (schwarze Bohnen, Kidney- und Riesenbohnen) |
| 1 Knoblauchzehe |
| 1 TL Kräuter der Provence |
| 2 rote Zwiebeln |
| je 1 rote, gelbe und grüne Paprikaschote |
| 500 g Strauchtomaten |
| 3 Frühlingszwiebeln |
| 1 EL Olivenöl |
| 1 TL Cayennepfeffer |
| Salz · Pfeffer |
| 1 EL klein geschnittene Petersilie |

Zubereitungszeit: 35 Min.
Quellzeit: 1 Std.

Pro Portion ca.: 120 kcal
6 g EW/4 g F/15 g KH

1 Bohnen mit 600 ml Wasser 2 Min. kochen und abseits etwa 1 Std. quellen lassen. Dann Knoblauch schälen und mit 1/2 TL Kräutern zu den Bohnen geben. Diese erneut 30 Min. bei schwacher Hitze kochen lassen, dann abgießen.

2 Inzwischen die Zwiebeln schälen und würfeln. Die Gemüse waschen und putzen. Paprika in Rauten, Tomaten in Würfel, Frühlingszwiebeln in etwa 2 cm lange Stücke schneiden.

3 Das Olivenöl in einem hohen Topf erhitzen. Die Zwiebeln, die Paprika und das Weiße von den Frühlingszwiebeln darin bei mittlerer Hitze etwa 2 Min. unter Rühren garen. Die Tomaten, das Frühlingszwiebelgrün, Cayennepfeffer und die restlichen Kräuter der Provence, Salz, Pfeffer und die Bohnen dazugeben und alles etwa 3 Min. kochen. Mit der Petersilie bestreuen.

> **TIPP!**
> 200 g Maiskörner (Dose) zum Schluss zugeben und mit Kartoffeln servieren.

Im Bild oben:
Gemüse-Chili
Im Bild unten:
Spargel-Ragout

Desserts und Drinks

Führen Sie zur Hauptmahlzeit zum Dessert saftiges Tafelobst ein! In den gesünderen südlichen Küchen Europas kommen jeden Tag ausgesuchte reife Früchte auf den Tisch. So wird die tägliche Portion Obst von 150-300 g, die uns Experten empfehlen, zum Genuss.

Fruchtige Fatburner

Was immer Sie zum Nachtisch servieren, reichen Sie frisches Obst oder einen Fruchtsalat dazu. Die Früchte helfen dem Körper aktiv bei der Fettverbrennung, vor allem in Form von Rohkost: Gute Fatburner sind Ananas, Kiwi und Papaya.

Zitrussalat
Reich an Vitamin C unterstützt er, kombiniert mit eiweißreichen Quark- oder Jogurtcremes, die Bildung von Fatburnern.
Für 4 Portionen 2 Orangen und 2 rosa Pampelmusen in Stücke schneiden und mit 5 klein geschnittenen Minzeblättchen und 3 EL Honig würzen. Mit 16 halbierten Physalis (Kapstachelbeeren) mischen.

Papayapüree
Schmeckt zu Eis, Jogurt- und Quarkspeisen und zu Obstsalaten.
Für 4 Portionen 2 Papayas in Scheiben schneiden. 2 Papayas würfeln und mit dem Saft von 1 Orange pürieren und mit 1 EL Honig süßen. Fruchtscheiben in die Sauce geben.

Einfach gut: Obst zum Dessert

Desserts und Drinks

Leichte Kompotte, marinierte Früchte

Sie sind schnell gemacht und reich an Vitaminen: Kompotte mit kurzen Garzeiten und marinierte Früchte.

Feigenkompott
Passt gut zu Muffins und Aufläufen.
Für 4 Portionen 100 ml schwarzen Johannisbeersaft mit 100 g schwarzen Johannisbeeren und 5 El Honig in einem Topf aufkochen und 5 Min. schwach kochen lassen. Grob pürieren und 4 blaue Feigen, gesechstelt, hineingeben. Abkühlen lassen.

Preiselbeerkompott
Toll zu süßer Polenta und Risotto.
Für 4 Portionen 1 EL Butter mit 100 g Honig in einer Pfanne unter Rühren in etwa 4 Min. goldbraun karamellisieren lassen. 200 g Preiselbeeren und 5 EL Orangensaft darin 2 Min. garen. Abkühlen lassen.

Marinierte Mirabellen
Passt gut zu Quarkcreme.
Für 4 Portionen 100 ml Mangosaft mit dem Saft von 1 Zitrone, 1 TL abgeriebener Zitronenschale, 1 TL frischem Rosmarin und 1 EL Honig vermischen. 400 g Mirabellen und 200 g Aprikosen in Spalten geschnitten in der Marinade 15 Min. ziehen lassen.

Cremige Saucen

Milch und Milchprodukte sind die Basis vieler feiner Desserts. Sie liefern uns viel Gutes: neben Calcium und Vitaminen auch wertvolles Eiweiß. Mit einem eiweißreichen Dessert können Sie den Eiweißgehalt eines vegetarischen Menus erhöhen.

Jogurtschaum
Blitzschnell und einfach zubereitet. Passt ausgezeichnet zu frischen Früchten - etwa Melonen oder Erdbeeren.
Für 4 Portionen 400 g Jogurt mit dem Pürierstab aufschlagen und den Saft von 2 Limetten oder 1 Blutorange unterrühren. Schmecken Sie das Dessert mit 2 EL Honig ab.

Jogurtsauce
In kürzester Zeit fertig. Schmeckt gut zu süßer Polenta, süßem Risotto und süßen Aufläufen wie Grünkernauflauf, aber auch zu Kuchen.
Für 4 Portionen 100 g Sahne schlagen und mit 1 EL Zitronensaft und 250 g Jogurt verrühren. Mit 2 EL Honig abschmecken. 1 TL klein geschnittene frische Zitronenmelisse oder Minze untermischen.

Zimtsauce
In ein paar Minuten gekocht. Schmeckt gut zu kleinen Pfannkuchen und Schmarrn.
Für 4 Portionen 150 ml Milch mit 1/2 TL Zimt aufkochen lassen. 2 verquirlte Eigelbe mit 50 g Honig süßen und nach und nach in die Zimtmilch einrühren. 10 Min. unter Rühren bei schwacher Hitze garen (nicht kochen). Erkalten lassen, dabei umrühren.

Käse zum Dessert

Käse zum Abschluss macht aus jedem Essen eine feine Mahlzeit. Sie können Käse als eigenen Gang oder auch kombiniert mit frischem Obst servieren.
- Zu Blaukäse wie Roquefort oder Gorgonzola passen Birne und Apfel.
- Frischkäse wie Ricotta oder Ziegenfrischkäse schmecken mit Pfirsich, Papaya oder Datteln.
- Schnittkäse wie Gouda und Greyerzer vertragen Weintrauben und Nüsse.
- Halbfeste Weichkäse wie Bel Paese oder Weichkäse wie Camembert oder Brie passen zu Melone und Mango.

Mit einer kleinen Portion Obst und Käse klingt ein Essen aufs Beste aus.

Quarkcreme mit karamellisierten Erdbeeren

● Gelingt leicht
● Preiswert

Für 4 Personen:

Für die Quarkcreme:
100 g Sahne
250 g Quark
80 ml Ahornsirup
abgeriebene Schale von 1/4 unbehandelten Zitrone
Für die Erdbeeren:
300 g Erdbeeren
4 EL Honig
2 EL Zitronensaft

Zubereitungszeit: 20 Min.

Pro Portion ca.: 300 kcal
8 g EW/15 g F/33 g KH

1 Die Sahne steif schlagen. Den Quark mit dem Ahornsirup und der Zitronenschale vermischen. Die Sahne unterheben.

2 Die Quarkcreme auf tiefe Teller verteilen.

3 Die Erdbeeren waschen, die Stielansätze abzupfen. Honig und Zitronensaft in einer Pfanne bei mittlerer Hitze unter Rühren goldbraun karamellisieren lassen. Die Erdbeeren hineingeben und den austretenden Fruchtsaft etwas einkochen lassen. Mit dem Quark servieren.

VARIANTEN

Mit leichter Creme
Die Sahne ganz oder zur Hälfte durch Eischnee von 4 ganz frischen Eiern ersetzen.

Mit Erdbeersauce
150 g Erdbeeren mit 3 EL Honig und 2 EL Zitronensaft vermischen, pürieren. Die Quarkcreme damit umgießen.

Birnen-Gratin mit Beeren

● Raffiniert
● Für Gäste

Für 4 Personen:

8 EL Honig
1/2 TL Bourbon-Vanille
2 Birnen (Williams Christ)
200 g gemischte Beeren
2 EL Zitronensaft
3 frische Eier
180 g Sahnequark
50 g Mandelblättchen

Zubereitungszeit: 30 Min.
Backzeit: 15 Min.

Pro Portion ca.: 320 kcal
13 g EW/16 g F/30 g KH

1 4 EL Honig und die Vanille verrühren. Die Birnen waschen, abtrocknen, vierteln und die Kerngehäuse entfernen. Die Früchte in dünne Spalten schneiden und mit dem gewürzten Honig vermischen. Die Beeren verlesen, vorsichtig waschen und abtropfen lassen.

2 Den Backofen auf 180° vorheizen. In einer Pfanne 2 EL Honig erhitzen, die Beeren hineingeben und mit dem Zitronensaft 2–3 Min. bei schwacher Hitze garen.

3 Die Birnenspalten in eine Auflaufform legen und die Beeren darauf verteilen.

4 Die Eier trennen. Die Eiweiße steif schlagen. Die Eigelbe verquirlen und mit dem Quark und dem restlichen Honig vermischen. Die Mandeln unterrühren und den Eischnee unterheben.

5 Die Mandel-Quark-Masse über die Früchte in die Form geben und glattstreichen. Im Backofen (Mitte, Umluft 160°) in 15 Min. goldbraun backen.

VARIANTE

Pflaumen-Gratin mit Mandel-Quark-Kruste
1 kg frische Pflaumen waschen, entsteinen. 1/2 l Rotwein (Chianti), 2 Zimtstangen und 3 EL Honig 5 Min. kochen. In diesem Sud die Pflaumen 5 Min. garen, herausnehmen, in eine gefettete Auflaufform geben. Sud wie Sirup für andere Desserts verwenden. Mandel-Quark-Masse wie beschrieben zubereiten, Pflaumen damit bedecken und wie angegeben backen.

Im Bild oben:
Birnen-Gratin mit Beeren
Im Bild unten:
Quarkcreme mit karamellisierten Erdbeeren

Süße Polenta

● Gut vorzubereiten
● Preiswert

Für 4 Personen:

150 ml Milch
1/4 TL Bourbon-Vanille
40 g Polentagrieß
2 EL Honig
abgeriebene Schale von 1/4 unbehandelten Zitrone
2 Eigelbe
180 g gemischtes Dörrobst
1/2 TL Zimtpulver
1/2 TL Ingwerpulver
1 Prise Anispulver
2 Prisen Kardamom
2 EL Butter
4 Zitronenmelisseblättchen
Fett für die Form

Zubereitungszeit: 35 Min.
Kühlzeit: 30 Min.

Pro Portion ca.: 270 kcal
5 g EW/10 g F/38 g KH

1 Milch mit Vanille aufkochen lassen. Polentagrieß, Honig und Zitronenschale einrühren, bei schwacher Hitze unter Rühren 10 Min. quellen lassen.

2 5 Min. stehen lassen und lauwarm mit den Eigelben verrühren. Eine kleine Form fetten, Polenta darin glattstreichen, mit Folie bedecken und abkühlen lassen.

3 Dörrobst in eine Schüssel füllen und mit kochendem Wasser bedecken. Mit Zimt, Ingwer, Anis und Kardamom würzen und abkühlen lassen.

4 Polenta in der Form in rechteckige oder rautenförmige Scheiben schneiden. Die Polentaschnitten in der Butter bei mittlerer Hitze pro Seite 3 Min. bräunen. Mit Kompott und Melisse anrichten.

Süßer Risotto

● Raffiniert
● Für Gäste

Für 4 Personen:

125 ml Apfelsaft
1/4 TL Bourbon-Vanille
2 Sternanis · 2 EL Honig
Salz
125 g Rundkornreis (Risottoreis)
400 ml Milch · 4 EL Rosinen
3 EL Pinienkerne
Saft und Schale von 1/2 unbehandelten Zitrone
150 g rote Johannisbeeren
2 Nektarinen · 1 Apfel
3 Minzeblättchen
100 g Brombeeren

Zubereitungszeit: 45 Min.

Pro Portion ca.: 350 kcal
8 g EW/9 g F/58 g KH

1 Apfelsaft mit Vanille, Anis, Honig und Salz aufkochen lassen. Reis einrieseln lassen, Milch unterrühren. Unter Rühren 10 Min. köcheln lassen.

2 Inzwischen Rosinen in warmem Wasser quellen lassen. Eine trockene Pfanne erhitzen und darin bei mittlerer Hitze Pinienkerne goldbraun rösten. Pinienkerne, Zitronenschale und Rosinen zum Reis geben und abseits 30 Min. zugedeckt quellen lassen.

3 In der Zeit Obst waschen. Johannisbeeren abstreifen. Nektarinen von den Steinen, Apfel vom Kerngehäuse befreien und beides in Spalten schneiden. Minze in Streifen schneiden. Obst mit Zitronensaft, Brombeeren und Minze vermischen. Risotto damit anrichten.

Desserts und Drinks

Kastaniencreme

- Vitaminreich
- Für Gäste

Für 4 Personen:

250 g geschälte Maroni (s. Tipp S. 14)
200 ml Milch
100 g Sahne
6 EL Honig
1 Prise Zimtpulver
3 Prisen Bourbon-Vanillepulver
abgeriebene Schale von 1/4 unbehandelten Orange
2 EL Rum nach Belieben
200 g Cranberries oder gemischte Beeren
1/2 TL Butter
100 ml weißer Traubensaft
1/2 Zimtstange

Zubereitungszeit: 20 Min.

Pro Portion ca.: 350 kcal
5 g EW/12 g F/54 g KH

1 Die geschälten Kastanien mit der Milch, der Sahne und 3 EL Honig in einer Schüssel mit dem Pürierstab zu einer feinen Creme rühren. Mit dem Zimt, 1 Prise Vanille, der Orangenschale und dem Rum nach Belieben verrühren. Die Creme in Dessertgläser füllen und kalt stellen.

2 Die Cranberries waschen. Den restlichen Honig mit der Butter und den Cranberries in einem Topf bei mittlerer Hitze erhitzen. Mit dem Saft ablöschen. Die Zimtstange, 2 Prisen Vanille und 200 ml Wasser dazugeben und alles 10 Min. bei schwacher Hitze offen kochen lassen.

3 Die Zimtstange entfernen. Cranberries warm oder kalt zur Creme reichen.

Gegrillte Früchte

- Gelingt leicht
- Preiswert

Für 4 Personen:

40 g Butter
4 Feigen
2 rosa Grapefruits
2 EL Ahornsirup
2 EL Mandelblättchen

Zubereitungszeit: 20 Min.

Pro Portion ca.: 165 kcal
2 g EW/11 g F/15 g KH

1 Eine Grillpfanne oder den Grill vorheizen. Die Butter in einem Pfännchen bei schwacher Hitze zerlassen. Die Feigen und die rosa Grapefruits waschen und abtrocknen. Die Feigen schälen und vierteln. Die Grapefruits bis ins Fruchtfleisch schälen, in Achtel schneiden.

2 Die Butter mit dem Ahornsirup vermischen und die Früchte damit bepinseln. Dann die Grapefruits mit einem Teil der Mandelblättchen leicht panieren.

3 Die Früchte in der Grillpfanne oder unter dem Grill von jeder Seite 1–2 Min. grillen. Die restlichen Mandelblättchen in der Grillpfanne oder einer separaten trockenen Pfanne rösten. Die gegrillten Früchte mit den Mandelblättchen und nach Belieben mit Vanilleeis und Biscotti (italienische Mandelplätzchen) servieren.

Pfirsich-Beeren-Suppe

- Vitaminreich
- Gelingt leicht

Für 4 Personen:

1/2 Vanilleschote
4 EL Honig
1 EL klein geschnittene Minzeblättchen
4 Pfirsiche
200 g rote Johannisbeeren
einige Minzeblättchen zum Garnieren

Zubereitungszeit: 20 Min.

Pro Portion ca.: 125 kcal
1 g EW/1 g F/26 g KH

1 Die Vanilleschote aufschlitzen, das Mark herauskratzen und mit der Schote, 8 EL Wasser und dem Honig in einem Topf aufkochen; abseits vom Herd die klein geschnittene Minze in den Sirup einrühren; die Schote entfernen.

2 Die Pfirsiche häuten (sind sie dazu nicht reif genug, vorher mit kochendem Wasser überbrühen), halbieren und entkernen. Die Hälfte der Pfirsiche in feine Streifen schneiden und beiseite legen. Die übrigen grob zerkleinern. Die Beeren waschen, von den Stielen streifen und zur Hälfte mit dem Sirup und den Pfirsichen mit dem Pürierstab zu einer schaumigen Suppe schlagen.

3 Die restlichen Johannisbeeren und die Pfirsichstreifen in die Suppe geben. Mit Minzeblättchen bestreuen. Vanille- oder Mandeleis passen sehr gut dazu.

TIPP!
Sie können die Beerensuppe auch mit gemischten tiefgekühlten Beeren zubereiten. Statt Pfirsich eignet sich auch gut Nektarine.

Grünkernauflauf mit Blaubeeren

- Für Gäste
- Gut vorzubereiten

Für 4 Personen:

1/2 l Milch
1/4 TL Bourbon-Vanille
Salz
100 g Grünkernschrot
30 g Mandelstifte
30 g Mandelblättchen
2 Eier
100 g Akazienhonig
abgeriebene Schale von 1/4 unbehandelten Zitrone
500 g Blaubeeren
2 EL klein geschnittene Minzeblättchen
Fett für die Form

Zubereitungszeit: 45 Min.
Backzeit: 1 Std.

Pro Portion ca.: 380 kcal
13 g EW/17 g F/45 g KH

1 Die Milch mit Vanille und Salz aufkochen lassen. Den Grünkernschrot unter Rühren einstreuen und bei schwacher Hitze zugedeckt 10 Min. garen. Dann vom Herd ziehen und 15 Min. quellen lassen.

2 Inzwischen eine Pfanne erhitzen und darin getrennt die Mandelstifte und Mandelblättchen in je 1 Min. goldgelb rösten. Die Eier trennen. Die Eiweiße steif schlagen.

3 Den Backofen auf 180° vorheizen. Die Eigelbe und 70 g Honig mit dem Rührgerät schaumig schlagen. Die Zitronenschale unterrühren. Den Eischnee unterziehen und den Grünkernbrei und die Mandelstifte unterheben. Den Auflauf in eine gefettete Form füllen und im Backofen (Mitte, Umluft 160°) 1 Std. backen.

4 Vor dem Servieren die Blaubeeren verlesen, waschen und abtropfen lassen. 150 g Beeren durch ein Sieb streichen und mit dem restlichen Honig und der Minze verrühren. Die restlichen Beeren untermischen.

5 Auflauf mit einem Löffel auf Teller verteilen. Mit Beeren und Mandelblättchen garnieren.

Im Bild oben und
Bild Mitte: Grünkernauflauf mit Blaubeeren
Im Bild unten:
Pfirsich-Beeren-Suppe

Drinks ohne Alkohol

- Gelingen leicht
- Für Gäste

Erdbeerschorle
Für ein Erdbeerpüree pro Glas ca. 100 g Erdbeeren waschen, putzen und pürieren. Ein Longdrinkglas je zur Hälfte mit Erdbeerpüree und Mineralwasser füllen. Drink mit 1 Spritzer Zitronensaft verrühren.

Granatapfel-Drink
Für ein Longdrinkglas den Saft von 1 Saftorange, 1 Granatapfel (den Granatapfel wie eine Orange auspressen) und 1/4 Limette oder einem Spritzer Zitronensaft verrühren und mit gekühltem Mineralwasser auffüllen.

Orangen-Cocktail
1 Möhre waschen, schälen, fein reiben und mit dem Saft von 2 Orangen und von 1 Zitrone mit dem Pürierstab durchmixen. Den Saft in ein Longdrinkglas sieben und mit gekühltem Mineralwasser aufgießen. Mit 1 Minzeblättchen garnieren. (Die festen Bestandteile aus dem Sieb einfrieren und z. B. für eine Tomaten-Möhren-Suppe verwenden.)

Obstsaftschorle
1–3 Teile frisch gepressten Obstsaft mit Mineralwasser aufgießen. 1 Spritzer Zitronensaft dazu peppt die Schorle auf. Notfalls können Sie auch gekauften Saft verwenden, achten Sie dann darauf, 100 %igen Saft ohne Zuckerzusatz zu erwerben.

Tomaten-Möhren-Cocktail
3 reife Tomaten waschen und ohne die Stielansätze würfeln. 1 Möhre waschen, schälen und würfeln. Beides mit dem Pürierstab pürieren und mit Salz, Pfeffer und nach Belieben 1/4 TL Estragonblättchen würzen.

Kressedrink
Für ein Longdrinkglas 2 Teile Apfelsaft mit 1 Teil Mineralwasser, 1/4 TL Honig oder Reisessig und 1 EL Kresseblättchen mit dem Pürierstab kräftig durchmixen.

TIPPS!

Alkoholfreie Getränke passen zu jeder Gelegenheit. Am besten schmecken sie im Sommer »on the rocks« – auf Eiswürfeln serviert.

Eiswürfel
sind nicht einfach gefrorenes Wasser. Auch hier sollten Sie ein paar Dinge beachten.

- Wichtig ist, dass Sie gutes Wasser verwenden – eventuell lieber stilles Mineralwasser als Leitungswasser. Am besten bereiten Sie die Eiswürfel frisch zu, so können sie keinen störenden Geschmack annehmen.

- Originelle Eiswürfel gibt es, wenn Sie passende Obststücke, Minzeblätter, gegebenenfalls auch andere Kräuter mit einfrieren.

- Schöne Effekte erzielen Sie durch Wasser, das Sie mit entsprechenden Säften oder Sirupen färben und dann gefrieren lassen.

VARIANTE

Eisdrinks
sind natürlich im Sommer eine Wucht. Und ganz leicht hergestellt. Einfach Fruchtsaft und 1 Kugel passendes Eis durchmixen. Nach Belieben verfeinern.

Im Bild links von oben nach unten: Orangen-Cocktail, Erdbeerschorle, Tomaten-Möhren-Cocktail
Im Bild rechts von oben nach unten: Orangen-Cocktail, Kressedrink, Granatapfeldrink

Register

A

Ananas: Kreolischer
  Reis mit Ananas 40
Asiatische Kürbis-
  suppe 30
Asiatisches Kräuter-
  Relish (Variante) 14
Auberginen
  Marinierte Auber-
    ginen (Variante) 12
  Auberginenauflauf 46
  Auberginen-Curry 48

B

Baguettes: Mini-
  Baguettes 26
Beeren
  Birnen-Gratin mit
    Beeren 54
  Grünkern-Auflauf
    mit Blaubeeren 58
  Kastaniencreme 57
  Pfirsich-Beeren-
    Suppe 58
  Süßer Risotto 56
  Birnen-Gratin mit
    Beeren 54
Bohnen
  Bohnen mit Kartoffel-
    kruste (Variante) 41
  Gemüse-Chili 50
Borschtsch: Ukraini-
  scher Borschtsch 32
Bratlinge
  Bulgur-Bratlinge
    (Variante) 24
  Gemüse-Bratlinge
    (Variante) 24
  Grünkern-Bratlinge
    mit Mandeln 24
Brokkoli: Quiche mit
  Brokkoli und Wal-
  nüssen 20
Bruschetta mit
  Zucchini 26
Buchweizen: Kasha
  mit Champignons 42
Bulgur-Bratlinge
  (Variante) 24

C

Champignons: Kasha
  mit Champignons 42
Chili: Gemüse-Chili 50
Chinesische Gemüse-
  brühe (Kurzrezept) 19
Chutney: Melonen-
  Chutney 15
Confits
  Paprikaconfit
    (Variante) 16
  Tomatenconfit 16
Couscous: Orientali-
  scher Couscous-
  Salat 10
Croûtons
  (Kurzrezept) 19
Curry
  Auberginen-Curry 48
  Zucchini-Curry 48

D

Deutsche Wurzelbrühe
  (Kurzrezept) 19
Dips
  Roquefort-Dip 15
  Ziegenkäse-Dip
    (Variante) 15
Dörrobst: Süße
  Polenta 56
Drinks ohne Alkohol 60

Impressum

© 2001 Gräfe und Unzer Verlag GmbH, München. Alle Rechte vorbehalten. Nachdruck, auch auszugsweise, sowie Verbreitung durch Film, Funk und Fernsehen, durch fotomechanische Wiedergabe, Tonträger und Datenverarbeitungssysteme jeglicher Art nur mit schriftlicher Genehmigung des Verlages.

Redaktion: Stefanie Poziombka
Lektorat: Susanne Bodensteiner
Layout, Typographie und Umschlaggestaltung:
Heinz Kraxenberger
Satz und Herstellung: Verlagssatz Lingner
Produktion: Helmut Giersberg
Titelbild: Michael Brauner
Fotos: Kai Mewes
Foodstyling: Akos Neuberger
Reproduktion: Repro Schmidt
Druck und Bindung: Kaufmann, Lahr
ISBN 3-7742-3293-8

Auflage	5.	4.	3.	2.	1.
Jahr	05	2004	2003	2002	01

Elisabeth Döpp
arbeitete lange Zeit als Lektorin für große Verlage und ist seit 1985 Kochbuchautorin und UGB-Gesundheits-Trainerin im Bereich Ernährung – mit dem Schwerpunkt vegetarische und vollwertige Küche.

Christian Willrich
stammt aus dem Elsass und ist seit 1980 Küchenchef in Gourmet-Restaurants. Er präsentiert seit 1980 seine feine Naturküche mit großem Erfolg.

Jörn Rebbe
wurde in einem japanischen Hotel zum Koch ausgebildet. Er ist als Küchenchef Spezialist für japanische und chinesische Küche.

Kai Mewes
ist selbstständiger Food-Fotograf in München und arbeitet für Verlage und Werbung. Sein Studio mit Versuchsküche befindet sich in der Nähe des Viktualienmarktes. Die stimmungsvollen Bilder sind Ausdruck seiner Hingabe, Fotografie und kulinarischen Genuss zu vereinen.

Register

Erbsensuppe 28
Erdbeeren
  Quarkcreme mit
  karamellisierten
  Erdbeeren 54
  Erdbeerschorle 60

Feigen
  Rosmarinkartoffeln
  mit frischen Feigen 38
  Feigenkompott
  (Kurzrezept) 53
  Feldsalat mit
  Schafkäse 12
  Fenchel: Marinierter
  Fenchel (Variante) 12

Gegrillte Früchte 57
Gemüse: Sommer-
  gemüse mit schwar-
  zen Oliven 38
Gemüse-Bratlinge
  (Variante) 24
Gemüsebrühen
  (Kurzrezepte) 19
Gemüse-Chili 50
Gemüse-Vinaigrette
  (Kurzrezept) 5
Granatapfel-Drink 60
Gratinierte Polenta 46
Gratinierte Spätzle
  (Variante) 44
Grüne Spargelsuppe
  mit Spinat 30
Grünkern
  Grünkern-Auflauf
  mit Blaubeeren 58
  Grünkern-Bratlinge
  mit Mandeln 24
Gulasch: Kartoffel-
  gulasch 36

Jogurt
  Jogurtsauce als Des-
  sert (Kurzrezept) 53
  Jogurtsauce für Salate
  (Kurzrezept) 5
  Jogurtschaum
  (Kurzrezept) 53

Kartoffeln
  Bohnen mit Kartoffel-
  kruste (Variante) 41
  Kartoffelgulasch 36
  Kartoffel-Möhren-
  Rösti (Variante) 24
  Kartoffelpuffer
  (Variante) 24
  Kartoffel-Tarte 22
  Kürbis-Kartoffel-
  Plätzchen 24
  Linsen mit
  Kartoffelkruste 40
  Rosmarinkartoffeln
  mit frischen Feigen 38
  Warmer Kartoffel-
  Zucchini-Salat 8
Kasha mit
  Champignons 42
Kastanien
  Kastaniencreme 57
  Kastanienmus 14
Kohlsuppe 28
Kräuter
  Asiatisches Kräuter-
  Relish (Variante) 14
  Kräuterpesto
  (Variante) 16
  Kräuter-Relish 14
  Kräuter-Rösti
  (Variante) 24
  Kräutersuppe
  (Variante) 32

  Kräuter-Tabbouleh 10
  Kräuter-Vinaigrette
  (Kurzrezept) 5
Kreolischer Reis mit
  Ananas 40
Kressedrink 60
Kürbis
  Asiatische
  Kürbissuppe 30
  Kürbis-Kartoffel-
  Plätzchen 24
  Kürbissalat
  mit Kresse 6

Lauchsuppe 32
Letscho 36
Linsen mit
  Kartoffelkruste 40

Mandeln
  Grünkern-Bratlinge
  mit Mandeln 24
  Pflaumen-Gratin mit
  Mandel-Quark-Kruste
  (Variante) 54
Mangold: Spätzle
  mit Mangold 44
Marinierte Mirabellen
  (Kurzrezept) 53
Marinierte Zucchini 12
Mariniertes Gemüse
  (Varianten) 12
Melonen-Chutney 15
Mini-Baguettes 26
Möhren
  Kartoffel-Möhren-
  Rösti (Variante) 24
  Marinierte Möhren
  (Variante) 12
  Tomaten-Möhren-
  Cocktail 60

  Möhrencremesuppe
  (Variante) 28
Muffins mit Safran 22

Obstsaftschorle 60
Oliven: Sommer-
  gemüse mit schwar-
  zen Oliven 38
Orangen-Cocktail 60
Orientalischer
  Couscous-Salat 10

Papayapüree
  (Kurzrezept) 52
Paprika
  Letscho 36
  Marinierte Paprika
  (Variante) 12
  Paprikaconfit
  (Variante) 16
  Paprikasalat
  mit Schafkäse
  (Variante) 12
Pesto
  Kräuterpesto
  (Variante) 16
  Pesto genovese
  (Variante) 16
  Tomatenpesto 16
Pfirsich-Beeren-
  Suppe 58
Pflaumen-Gratin mit
  Mandel-Quark-Kruste
  (Variante) 54
Polenta
  Gratinierte
  Polenta 46
  Süße Polenta 56
Preiselbeerkompott
  (Kurzrezept) 53
Provenzalische
  Gemüsebrühe
  (Kurzrezept) 19

Q

Quark
Pflaumen-Gratin mit
Mandel-Quark-Kruste
(Variante) 54
Quarkcreme mit
karamellisierten
Erdbeeren 54
Quiche mit Brokkoli
und Walnüssen 20

R

Radicchio: Risotto
mit Radicchio 42
Ragouts
Schwarzwurzel-
Ragout (Variante) 50
Spargel-Ragout 50
Reis
Kreolischer Reis
mit Ananas 40
Risotto mit
Radicchio 42
Süßer Risotto 56
Relish: Kräuter-
Relish 14
Roquefort-Dip 15
Rosmarinkartoffeln
mit frischen Feigen 38
Rösti: Kartoffel-
Möhren-Rösti
(Variante) 24

S

Safran: Muffins mit
Safran 22
Salatsaucen
(Kurzrezepte) 5
Sprossensalat 6
Warmer Kartoffel-
Zucchini-Salat 8
Schnelle Gemüsebrühe
(Kurzrezept) 19
Schwarzwurzel-
Ragout (Variante) 50
Sommergemüse mit
schwarzen Oliven 38
Spargel
Grüne Spargelsuppe
mit Spinat 30
Spargel-Ragout 50
Spätzle
Gratinierte Spätzle
(Variante) 44
Spätzle mit
Mangold 44
Spätzle mit Zucchini
(Variante) 44
Spinat: Grüne Spargel-
suppe mit Spinat 30
Sprossensalat 6
Süße Polenta 56
Süßer Risotto 56

T

Tabbouleh: Kräuter-
Tabbouleh 10
Tarte: Kartoffel-Tarte 22
Tomaten
Tomatenconfit 16
Tomaten-Möhren-
Cocktail 60
Tomatenpesto 16
Tomatensuppe 29

U

Ukrainischer
Borschtsch 32

W

Walnüsse: Quiche
mit Brokkoli und
Walnüssen 20
Warmer Kartoffel-
Zucchini-Salat 8

Z

Ziegenkäse-Dip
(Variante) 15
Zimtsauce
(Kurzrezept) 53
Zitrussalat
(Kurzrezept) 52
Zucchini
Bruschetta mit
Zucchini 26
Marinierte Zucchini 12
Spätzle mit Zucchini
(Variante) 44
Warmer Kartoffel-
Zucchini-Salat 8
Zucchini-Curry 48
Zucchinisuppe 29
Zwiebelsuppe
(Variante) 32

GASHERD-TEMPERATUR

Die Temperaturstufen bei Gasherden variieren von Hersteller zu Hersteller. Welche Stufe Ihres Herdes der jeweils angegebenen Elektro-Temperatur entspricht, entnehmen Sie bitte der Gebrauchsanweisung.

ABKÜRZUNGEN

TL = Teelöffel
EL = Esslöffel
Msp. = Messerspitze
kcal = Kilokalorien

EW = Eiweiß
F = Fett
KH = Kohlenhydrate

Das Original mit Garantie

Ihre Meinung ist uns wichtig. Deshalb möchten wir Ihre Kritik, gerne aber auch Ihr Lob erfahren. Um als führender Ratgeberverlag für Sie noch besser zu werden. Darum: Schreiben Sie uns! Wir freuen uns auf Ihre Post und wünschen Ihnen viel Spaß mit Ihrem GU-Ratgeber.

Unsere Garantie: Sollte ein GU-Ratgeber einmal einen Fehler enthalten, schicken Sie uns das Buch mit einem kleinen Hinweis und der Quittung innerhalb von sechs Monaten nach dem Kauf zurück. Wir tauschen Ihnen den GU-Ratgeber gegen einen anderen zum gleichen oder ähnlichen Thema um.

Ihr Gräfe und Unzer Verlag
Redaktion Kochen
Postfach 86 03 25
81630 München
Fax: 089 / 4 19 81 - 103
e-mail:
leserservice@graefe-und-unzer.de